QCM
de Culture Générale

Les collectivités territoriales

Éditions d'Organisation
Groupe Eyrolles
61, bd Saint-Germain
75240 Paris Cedex 05
www.editions-organisation.com
www.editions-eyrolles.com

Les QCM de Culture Générale

Histoire - Arts et lettres - Monde actuel
Jean-François GUÉDON, Isabelle de LOUPY, Pierre-François GUÉDON

Économie et Société françaises
Jean-François GUÉDON et Sandrine GELIN

Europe et Union européenne
Jean-François GUÉDON et Sandrine GELIN

La Fonction publique
Jean-François GUÉDON et Sandrine KOLLMANN

Sciences et Techniques
Claude de LOUPY, Isabelle MARCO et Pierre-François GUÉDON

Le code de la propriété intellectuelle du 1er juillet 1992 interdit en effet expressément la photocopie à usage collectif sans autorisation des ayants droit. Or, cette pratique s'est généralisée notamment dans l'enseignement, provoquant une baisse brutale des achats de livres, au point que la possibilité même pour les auteurs de créer des œuvres nouvelles et de les faire éditer correctement est aujourd'hui menacée.
En application de la loi du 11 mars 1957, il est interdit de reproduire intégralement ou partiellement le présent ouvrage, sur quelque support que ce soit, sans autorisation de l'Éditeur ou du Centre Français d'exploitation du droit de Copie, 20, rue des Grands-Augustins, 75006 Paris.

© Groupe Eyrolles, 1999, 2004, 2005
ISBN : 978-2-7081-3263-4

André BARILARI
Pierre-François GUÉDON

QCM de Culture Générale

Les collectivités territoriales

Collection dirigée par Jean-François Guédon
ancien élève de l'ENA

Troisième édition
Quatrième tirage 2008

Aux Éditions d'Organisation

Les méthodes de travail

Rapports de stage et mémoires, B. Camus
Réussir la soutenance de rapports, mémoires et travaux, B. Camus
25 dissertations corrigées en économie générale et économie d'entreprise, R. Chavigny et H. Séville
L'entretien aux examens et concours, G. Delaire
La dissertation de culture générale, M.-J. Gourmelin et J.-F. Guédon
La note de synthèse, J.-F. Guédon et F. Laborde

Les concours administratifs de catégorie B et C

Jean-François Guédon avec Isabelle de Loupy, Isabelle Marco, Claude de Loupy, Valérie Clisson
  L'épreuve de QCM
  L'épreuve d'explication de texte
  L'épreuve de français
  L'épreuve de mathématiques
  L'épreuve de tests de raisonnement logique
  L'épreuve de tableaux numériques
  L'épreuve de présélection
  L'épreuve de cas pratiques

Les concours administratifs de catégorie A

QCM de finances publiques, A. Barilari
Les QCM des concours administratifs de catégorie A, J.-F. Guédon et B. Simonot
L'épreuve de finances publiques, J.-F. Forestier
Préparation des concours de catégorie A, J.-F. Guédon, B. Sintsimon

Sommaire

PRÉFACE	7
INTRODUCTION	11
PREMIERS TESTS POUR VOUS ÉVALUER	17
Questions élémentaires	19
Niveau supérieur	27
PREMIÈRE PARTIE – QUESTIONS ET EXERCICES	35
1 Panorama général des collectivités territoriales	37
2 Les communes	42
3 Le département	57
4 La région	66
5 L'arrondissement et le canton	75
6 Les statuts particuliers	78
7 Les élections	82
8 Les finances locales	87
9 La fonction publique territoriale	91
10 Éléments d'histoire communale	96
11 L'intercommunalité	99
12 Le développement de la décentralisation	105
13 La loi du 13 août 2004	108
DEUXIÈME PARTIE – RÉPONSES ET COMMENTAIRES	113
1 Réponses et corrigés sur les collectivités territoriales	115
2 Réponses et corrigés sur les communes	119
3 Réponses et corrigés sur le département	130
4 Réponses et corrigés sur la région	136

© Éditions d'Organisation

5	Réponses et corrigés sur l'arrondissement et le canton .	142
6	Réponses et commentaires sur les statuts particuliers ..	144
7	Réponses et corrigés sur les élections	148
8	Réponses et corrigés sur les finances locales	157
9	Réponses et corrigés sur la fonction publique territoriale	160
10	Réponses sur les éléments d'histoire communale	163
11	Réponses et corrigés sur l'intercommunalité...........	165
12	Réponses et corrigés sur le développement de la décentralisation	169
13	Réponses et corrigés sur la loi du 13 août 2004.........	171

TROISIÈME PARTIE – ÉLÉMENTS POUR RÉVISER ET S'INFORMER 175

1	Questions tests pour réviser et pour approfondir	177
2	Panorama des régions françaises	184
3	Liste des textes fondamentaux	195
4	Ultimes conseils	198
5	Adresses utiles...................................	203
6	Tableaux récapitulatifs............................	206

POSTFACE.. 211

Préface

Voici quelques indications utiles sur l'art et la technique des QCM et sur le thème des collectivités territoriales.

ART ET TECHNIQUE DES QCM

Dans une épreuve de QCM – *Questionnaire à choix multiple* – le candidat doit sélectionner la réponse juste parmi deux, trois ou quatre suggestions (et parfois plus).

Le QCM constitue un bon test pour la culture générale et pour les diverses disciplines des examens et concours, notamment le droit public.

Vous trouverez, dans le tome 1 de cette collection *QCM de culture générale*, des éléments importants de définition et de stratégie :
– qu'est-ce qu'un QCM ? ;
– votre stratégie pour les QCM ;
– les dix défauts à éviter ;
– les pièges par excès ou par défaut.

Vous vous reporterez aussi avec profit aux deux ouvrages de la collection Méthod'sup consacrés à *l'épreuve de QCM* (un ouvrage pour les concours de catégorie A et un ouvrage pour les concours de catégories B et C).

Ou encore à l'ouvrage consacré aux *Épreuves de présélection*, par Jean-François GUÉDON, Valérie CLISSON et Brigitte SINTSIMON.

Rappelons que la tactique des jurys peut varier. Parfois le jury signale expressément qu'une seule réponse est bonne. Parfois, il indique que plusieurs réponses peuvent être acceptées.

Parfois aussi, le jury ne dit rien... mais peut vous tendre des pièges. Par exemple, aucune bonne réponse. Ou encore (c'est plus fréquent et vous en trouverez plusieurs cas dans les chapitres de cet ouvrage), toutes les réponses sont bonnes.

LE CADRE GÉNÉRAL DE NOTRE COLLECTION

Pour compléter votre réflexion sur la France et les collectivités territoriales, vous trouverez d'autres éléments dans les ouvrages précédents de cette collection.

Tome 1 – Histoire - Arts et Lettres - Monde actuel

Vous y trouverez des références historiques et littéraires indispensables pour les concours, et une introduction générale au monde actuel très développée (géographie physique et humaine, démographie, les continents et les États).

Tome 2 – Économie et société françaises

Vous y trouverez définies toutes les notions essentielles dans le domaine économique et social.

Pour votre réflexion personnelle comme pour les concours, il est indispensable de savoir positionner nos régions, et nos communes au sein de l'économie et de la société françaises.

Réciproquement, pour bien comprendre le monde actuel et son évolution, il est nécessaire de commencer par bien comprendre la France – et la France profonde, qui est celle des collectivités territoriales.

Tome 3 – Europe et Union européenne

Le même raisonnement doit s'appliquer à l'Europe qui, malgré ses graves déboires historiques au cours du XXe siècle, reste un grand foyer de développement technologique et culturel.

Cet ouvrage replace bien l'histoire de l'Europe dans l'histoire du monde, et vous permettra d'apprécier la place et le rôle de notre continent dans les phénomènes de mondialisation.

L'Europe doit être bien connue et comprise comme le cadre d'évolution de nos collectivités territoriales au cours des prochaines décennies.

© Éditions d'Organisation

Préface

Tomes 4 et 5 – Les Institutions françaises – La Fonction publique

Il s'agit de questions plus spécifiques, mais elles sont stratégiquement importantes pour les concours administratifs. Les études comparatives sur les institutions et la fonction publique sont indispensables pour les concours de haut niveau.

Vous pourrez situer les communes, les départements et les régions dans l'ensemble des institutions françaises. Et une bonne connaissance de la fonction publique est indispensable pour comprendre les questions relatives à leurs personnels.

Sur un plan technique – financier – nous vous recommandons l'ouvrage consacré aux QCM *de Finances publiques*, par André BARILARI, inspecteur général des Finances.
Tome 8 – La France et ses régions.
Utile panorama de nos régions françaises (métropole et outre-mer).

LES GRANDES LIGNES DE L'OUVRAGE

Les auteurs vous proposent d'abord des PREMIERS TESTS pour vous évaluer en début de préparation. Et ceci à deux niveaux : *questions élémentaires et niveau supérieur*.

L'ouvrage est ensuite organisé en trois parties, la première consacrée aux *questions et exercices*, la deuxième aux *réponses, corrigés et commentaires* et la troisième aux *éléments utiles pour réviser et s'informer*.

Dans la première partie, un questionnaire général vous permettra de découvrir le *panorama des collectivités territoriales*.

Trois chapitres seront consacrés à chacune des *collectivités de base* : *la commune, le département, la région*. Un chapitre piège évoquera *l'arrondissement et le canton* qui ne sont pas des collectivités territoriales mais des circonscriptions administratives que vous devez bien différencier. Vous trouverez ensuite des chapitres sur les *statuts particuliers*, les *élections territoriales* et enfin, deux chapitres techniques : les *finances locales* et les *personnels des collectivités territoriales*. Enfin, un chapitre est consacré à *l'histoire* des collectivités territoriales.

© Éditions d'Organisation

Dans la troisième partie sont rassemblés des éléments utiles pour réviser et pour approfondir. Vous y trouverez également de nombreuses informations importantes sur le plan pratique comme pour les examens et concours : adresses utiles, textes fondamentaux, chronologies, lexique de mots-clés et glossaire de sigles, chiffres essentiels, tableaux récapitulatifs, exemples de sujets donnés dans les concours récents.

Ainsi cet ouvrage va vous permettre un travail à la fois polyvalent et approfondi. Nous souhaitons qu'il soit pour vous pleinement fructueux pour les concours comme pour votre culture générale et votre formation professionnelle.

Jean-François GUÉDON
*Ancien élève de l'École
Nationale d'Administration**

---

* Jean-François GUÉDON est ancien élève de l'ÉNA et Administrateur Civil. Il a été chargé de cours, séminaires et travaux dirigés dans plusieurs grandes universités, au CNED et au Conservatoire national des arts et métiers. Il a présidé de nombreux jurys d'examens et concours.

Introduction

En préliminaire aux questionnaires, nous essaierons de répondre à trois questions :
– pourquoi cet ouvrage sur les collectivités territoriales et la démocratie locale ?
– comment mettre en pratique les QCM et bien approfondir vos réponses ?
– quels sont les conseils pour un travail efficace et les éléments utiles pour vos révisions ?

Pourquoi des QCM sur les collectivités territoriales ?

Les questions sur les institutions politiques ou administratives tiennent une place importante dans les concours des catégories A ou B.

Les collectivités locales constituent un thème fondamental pour les examens universitaires et pour les concours des grandes écoles ou de l'administration.

Cela vaut à la fois pour les épreuves de QCM et pour beaucoup d'épreuves de culture générale, écrites ou orales, et bien entendu aussi pour les épreuves spécialisées, notamment en droit public et finances publiques.

Le thème « imprègne » beaucoup de sujets généraux, et doit être évoqué pour des sujets aussi variés que l'État ou la nation, la construction européenne, le développement économique, les grands problèmes sociaux, les activités culturelles.

Il apparaît aussi, de façon essentielle, pour des sujets plus techniques, par exemple la décentralisation, la réforme de l'État, les problèmes de la fonction publique.

Il vous faut donc non seulement acquérir des connaissances, mais encore bien les ordonner, et réfléchir sur l'évolution du système français.

À l'heure du développement de la construction européenne et de la mondialisation, il est indispensable d'effectuer une réflexion approfondie sur l'évolution de nos structures territoriales.

Il vous faut donc, non seulement amasser des connaissances, mais surtout réfléchir sur *les grandes évolutions*, et notamment opérer une réflexion prospective approfondie sur le *monde qui nous attend* (titre d'un ouvrage consacré à la mondialisation).

L'importance du thème des collectivités locales se justifie à la fois par leur place dans les programmes de droit public et par leur rôle dans la vie de notre pays.

Voici l'exemple du concours d'entrée aux instituts régionaux d'administration, qui est désormais le concours interministériel de base en catégorie A :

1. Une série de questions à choix multiple ou appelant une réponse courte, portant sur les questions administratives et faisant appel aux éléments fondamentaux du droit public, du droit communautaire et des politiques économiques (externe).

2. Une épreuve constituée d'une série de questions à choix multiple ou appelant une réponse courte, destinée à évaluer à la fois les connaissances générales des candidats et leurs connaissances des éléments fondamentaux de droit public... (interne).

Les collectivités locales constituent des chapitres fondamentaux dans tous les programmes de droit public. Cette place s'est accrue depuis le développement de la décentralisation en 1982. Il s'agit donc maintenant d'un sujet « incontournable ».

Vous pouvez juger facilement l'importance de la place de nos collectivités dans la vie nationale.

La radio et la télévision accordent une grande place à la vie régionale ou à celle des communes – notamment par leurs stations régionales ou leurs correspondants locaux.

La presse accorde toujours une grande place à la vie régionale et locale. La presse nationale d'abord, par ses pages régionales ou ses cahiers spéciaux. La presse régionale, bien sûr, puisque c'est sa vocation dans ses diverses éditions. Des pages y sont consacrées aux départements et à leurs arrondissements, et chaque canton y a sa rubrique. Beaucoup de communes y ont chaque jour les honneurs de la presse.

Nous vous conseillons donc de regarder, de temps en temps, les bonnes émissions sur nos régions.

Et, si vous êtes parisien, de vous intéresser aux pages de vos journaux consacrées à la vie des régions.

Si vous êtes provincial, vous disposez facilement d'un quotidien régional, et vous en tirez certainement le plus grand profit.

Comment mettre en pratique les QCM et bien approfondir les réponses ?

Il convient de souligner, en général, la **brièveté** des épreuves. Ainsi, pour le concours général des administrateurs adjoints des Communautés européennes, il faut traiter 80 questions en 40 minutes, soit chaque question en moins de 30 secondes. L'épreuve s'apparente donc plutôt à un **sprint**. Il vous faudra donc être « en pleine forme » pour **bien dominer votre sujet**.

Vous pouvez bien sûr pratiquer aussi les QCM en dilettante ou amateur distingué, pour votre plaisir ou en jeu de société. Dans ce cas, aucun problème, si ce n'est celui de la compétition avec vous-même et avec vos amis.

Dans beaucoup de concours, le QCM est une course contre la montre. C'est particulièrement vrai pour les IRA, où il vous faut préserver le maximum de temps pour les réponses aux questions ouvertes.

Voici l'une des estimations possibles pour une série de 20 questions :
– moins de trois minutes, c'est le niveau de l'excellence,
– moins de cinq minutes, c'est un bon niveau,
– moins de dix minutes, cela reste convenable,
– plus de dix minutes, attention : il vous faut vous entraîner pour aller plus vite.

En tout état de cause, efforcez-vous de ne pas consacrer plus d'une minute à chaque question. Ce principe vaut certainement pour la plupart des concours de catégorie A, ou même B.

© Éditions d'Organisation

Vous pourrez prendre plaisir à composer vous-même quelques questionnaires complémentaires sur l'actualité politique, ou à formuler des questions pittoresques.

La pratique des QCM peut aider à meubler quelques journées de vacances, ou à passer des soirées agréables.

Mais le jour du concours, vous serez en situation de compétition dure, tendue, avec la nécessité de faire « carton plein » pour gagner le maximum de points.

À vous, alors, de bien programmer, et de mettre au point de bonnes méthodes de travail pour le jour du concours.

Calculez bien de façon à vous donner une bonne marge de sécurité, et présentez votre copie de façon impeccable, si elle doit comporter, comme aux IRA, à la fois des QCM et des réponses brèves à des questions ouvertes.

Afin d'accomplir la meilleure performance, il faut à la fois parfaire votre culture (...œuvre de longue haleine et sans cesse à renouveler), votre connaissance des matières de base (...en agençant bien votre travail de révision), et votre technique par un entraînement auquel ce petit livre doit contribuer à vous aider considérablement.

Quels sont les éléments utiles pour vos révisions ?

Vous trouverez dans nos ouvrages de nombreux éléments qu'il vous faut connaître parfaitement :

a) Les textes fondamentaux

La déclaration des Droits de l'homme et du citoyen de 1789 et la Constitution de la Ve République (1958) sont largement décortiquées au cours des divers chapitres, et les textes complets en sont reproduits à la fin de notre ouvrage sur les *Institutions françaises*.

b) Des tableaux récapitulatifs sur les institutions vous seront utiles pour bien mémoriser le cadre institutionnel général :

– tableau général des institutions françaises,
– les circonscriptions administratives de la France,

– les citoyens et les institutions,
– les élus et les nommés.

c) Éléments de bibliographie

Nous vous recommandons particulièrement deux ouvrages de la même collection :

– *Droit, politique et société*, par Maurice GAILLARD.
– *Vingt ans de vie politique en France*, par Jean-Luc ALBERT.

Comme l'indique le titre de notre collection, ce sont bien, en ce domaine, « *les indispensables de la culture générale* ».

Nous vous recommandons aussi la lecture de :

– *L'intelligence du droit*, les Éditions d'Organisation, par Maurice GAILLARD.

Sur les institutions administratives, l'ouvrage de base est :

– *Droit administratif*, par G. DUPUIS, ancien directeur des études à l'ÉNA, et M. J. GUÉDON, professeur des universités, aux éditions Armand Colin, collection U (ouvrage réédité en 2001-2002).

* *
*

La plupart d'entre vous peuvent et doivent préparer à la fois des épreuves écrites et des épreuves orales.

N'hésitez pas à annoter cet ouvrage. Sa présentation aérée facilite votre tâche.

Ajoutez vos questions complémentaires, vos propres réponses. Et vos commentaires personnels, comme si vous étiez devant un jury à l'oral, ou comme si vous deviez diriger une conversation.

De temps en temps, vous pourrez préparer aussi des exposés de synthèse. (*cf.* les sujets de concours donnés en annexe à la fin de l'ouvrage).

© Éditions d'Organisation

Premiers tests pour vous évaluer

1	Questions élémentaires
2	Réponses
3	Niveau supérieur
4	Réponses et commentaires

Premiers tests pour vous évaluer

1. Questions élémentaires *

Voici une série de vingt questions qui sont « classiques » dans les QCM ou à l'oral des concours. Essayez de les traiter en 10 minutes (surveillez votre montre).

Vous pourrez ensuite évaluer vos performances : sur le plan global, et pour chacun des quatre domaines qui font l'objet de cinq questions (généralités, commune, département, région).

A Généralités

1 Retrouvez la liste des collectivités territoriales.

- ☐ Académie
- ☐ Arrondissement
- ☐ Canton
- ☐ Commune
- ☐ District
- ☐ Département
- ☐ Région
- ☐ Territoire d'outre-mer

2 Quel est le nombre total des communes ?

- ☐ 360
- ☐ 3 600
- ☐ 36 000
- ☐ 360 000

3 Quel est le nombre total de départements ?

- ☐ 75
- ☐ 95
- ☐ 100
- ☐ 120
- ☐ 150

4 Quel est le nombre total des régions ?

- ☐ 20
- ☐ 25
- ☐ 30
- ☐ 36

* *Pour ces premiers tests, les réponses et commentaires sont en p. 23.*

© Éditions d'Organisation

5 De quand date la première loi sur les droits et libertés des communes, des départements et des régions ?

☐ 1871 ☐ 1972
☐ 1946 ☐ 1982
☐ 1958 ☐ Cette loi n'existe pas

B La commune

1 Quel est le nom de l'organe délibérant de la commune ?

☐ Assemblée communale   ☐ Conseil municipal
☐ Assemblée municipale   ☐ Comité de la commune
☐ Conseil communal

2 Cochez le nom des élus ayant des fonctions particulières au sein de la commune.

☐ Adjoint au maire   ☐ Maire
☐ Garde champêtre   ☐ Professeur des écoles
☐ Gérant de débits de tabac ☐ Rédacteur
☐ Instituteur   ☐ Secrétaire de mairie

3 Cochez les bonnes cases concernant l'élection du maire et des adjoints.

☐ Majorité absolue
☐ Représentation proportionnelle
☐ Scrutin secret
☐ Suffrage universel direct

4 Qui est chargé de préparer le budget de la commune ?

☐ Le contrôleur des impôts   ☐ Le préfet
☐ Le contrôleur du Trésor   ☐ Le sous-préfet
☐ Le percepteur   ☐ Le maire
☐ Le trésorier-payeur général

5 Quel est le nom de l'opération permettant de réunir deux ou plusieurs communes ?

☐ Absorption
☐ Concentration
☐ Confusion
☐ Fusion

☐ Fusionnement
☐ Intégration
☐ Symbiose
☐ Synthèse

C Le département

1 Quel est le nom de l'organe délibératif du département ?

☐ Assemblée départementale ☐ Conseil général
☐ Conseil cantonal ☐ Conseil départemental
☐ Comité départemental

2 Quelles sont ses modalités d'élection ?

☐ Scrutin à un tour ☐ Suffrage universel
☐ Scrutin à deux tours ☐ Suffrage direct
☐ Scrutin à trois tours ☐ Suffrage indirect
☐ Nombre de tours indéfini ☐ Plus forte moyenne
☐ Scrutin uninominal ☐ Plus fort reste
☐ Scrutin de liste ☐ Avec panachage
☐ Représentation proportionnelle ☐ Sans panachage
☐ Avec ou ☐ sans vote préférentiel

3 Quel est le nom de l'organe exécutif du département ?

☐ Administrateur général ☐ Préfet
☐ Directeur général ☐ Président

4 Quel est le nom du représentant de l'État dans le département ?

☐ Administrateur ☐ Magistrat
☐ Directeur ☐ Préfet
☐ Il n'y en a plus

© Éditions d'Organisation

5. Quel est le nom du siège des organes du département ?

- ☐ Direction générale
- ☐ Hôtel du département
- ☐ Maison du département
- ☐ Préfecture

D | La région

1. Quel est le nom de l'organe délibératif de la région ?

- ☐ Assemblée délibérative
- ☐ Assemblée consultative
- ☐ Comité régional
- ☐ Conseil régional
- ☐ Conseil provincial

2. Quelles sont ses modalités d'élection ?

- ☐ Scrutin à un tour
- ☐ Scrutin à deux tours
- ☐ Scrutin à trois tours
- ☐ Nombre de tours indéfini
- ☐ Représentation proportionnelle
- ☐ Plus forte moyenne
- ☐ Plus fort reste
- ☐ Avec ou ☒ sans vote préférentiel
- ☐ Scrutin uninominal
- ☐ Scrutin de liste
- ☐ Suffrage universel
- ☐ Suffrage direct
- ☐ Suffrage indirect
- ☐ Avec panachage
- ☐ Sans panachage

3. Quel est le nom de l'organe exécutif de la région ?

- ☐ Administrateur général
- ☐ Directeur général
- ☐ Préfet
- ☐ Président

4. Quel est le nom du représentant de l'État dans la région ?

- ☐ Administrateur
- ☐ Conseiller
- ☐ Directeur
- ☐ Magistrat
- ☐ Préfet
- ☐ Il n'y en a plus

5. Quel est le nom du siège des organes de la région ?

- ☐ Direction générale
- ☐ Hôtel de la région
- ☐ Maison régionale
- ☐ Préfecture

2. Réponses

 Généralités

1 Aux termes de l'article 72 de la Constitution de 1958, « les collectivités territoriales de la République sont les communes, les départements, les territoires d'outre-mer. Toute autre collectivité territoriale est créée par la loi ». La région a été ajoutée par la loi en 1982. Il fallait donc cocher quatre cases.

2 Nombre total des communes : 36 000 (chiffre arrondi au millier). N.B. C'est la réponse courante, mais le chiffre réel est plus près de 37 000.

3 Nombre total des départements : 100.

4 Nombre total des régions : 25

5 Loi n° 82-213 du 2 mars 1982. Droits et libertés des communes, des départements et des régions.

 La commune

1 L'organe délibérant de la commune est le conseil municipal.

2 Les élus ayant des fonctions particulières sont le maire et les adjoints. Les rédacteurs et secrétaires de mairie, ainsi que le garde champêtre ne sont pas des élus mais des fonctionnaires municipaux. Les instituteurs et les professeurs des écoles sont des fonctionnaires de l'Éducation nationale. Les gérants de débits de tabac sont des personnes de droit privé.

3   Article L. 2122-4 du Code des collectivités territoriales : « Le maire et les adjoints sont élus par le conseil municipal parmi ses membres. »
    Article L. 2122-7 : « Le maire et les adjoints sont élus au scrutin secret et à la majorité absolue. »
    Il fallait donc cocher les deux cases correspondantes.
    Le suffrage est bien universel dans la commune, mais il n'est pas direct (puisque l'élection est effectuée par le conseil municipal en son sein).
    Pénalisation pour la case « Représentation proportionnelle » (… on voit mal comment un maire pourrait être élu à la proportionnelle !).

    Précisions complémentaires :
    – si, après deux tours de scrutin, aucun candidat n'a obtenu la majorité absolue, il est procédé à un troisième tour de scrutin, et l'élection a lieu à la majorité relative ;
    – en cas d'égalité de suffrages, le plus âgé est déclaré élu.

4   Aux termes du Code des collectivités territoriales (Art. L. 2122-21), le maire est chargé de « préparer et proposer le budget et ordonnancer les dépenses ».

5   Fusion de communes.
    Article L. 2113-1 du Code des collectivités territoriales : « Les conseils municipaux des communes désirant fusionner peuvent décider de procéder soit à une fusion simple, soit à une fusion comportant la création d'une ou plusieurs communes associées. »

 Le département

1   L'organe délibératif du département est le conseil général.

2   Chaque conseiller général est élu au scrutin uninominal majoritaire à deux tours, au suffrage universel direct.
    Il fallait donc cocher quatre cases.

3 L'organe exécutif du département est le président du conseil général.

4 Le représentant de l'État dans le département est le préfet.

5 Le siège des instances départementales est l'hôtel du département.

D La région

1 L'organe délibératif de la région est le conseil régional.

2 Le conseil régional est élu au suffrage universel direct, dans le cadre du département. Scrutin de liste. Représentation proportionnelle, à la plus forte moyenne, sans panachage ni vote préférentiel (donc un seul tour).
Il fallait donc cocher sept cases au total.

3 L'organe exécutif de la région est le président du conseil régional.

4 Le représentant de l'État dans la région est le préfet de région (il est aussi préfet du département du chef-lieu de région).

5 Le siège des instances régionales est l'hôtel de la région.

Appréciation de vos performances

Nous espérons que vous avez obtenu 20 sur 20. En effet, nous vous avions proposé vingt questions de base en culture générale. Ce sont des bases nécessaires pour bien comprendre le monde d'aujourd'hui… et pour accomplir de bonnes performances lors des concours.

À 17, 18, 19, c'est encore une bonne performance qui vous permettrait de bien vous classer dans beaucoup de concours.

À 14, 15, 16, la note pourrait sembler bonne mais c'est probablement insuffisant pour les concours de haut niveau.

Il faut donc analyser les sources d'erreur : carence particulière ou encore étourderie ?

À 11, 12, 13, vous avez sans doute une carence grave dans un ou deux des domaines du questionnaire.

À 8, 9, 10, il s'agit manifestement de carences dans plusieurs domaines. Il faudra un effort sérieux pour y remédier.

En dessous de 8, c'est inquiétant. La sélection aux concours de catégorie A ou B est sévère. Manifestement, vous devez accomplir de grands efforts dans tous les domaines pour vous rapprocher de la moyenne.

N.B. Il faut surveiller votre montre. Si vous avez mis cinq minutes tout en obtenant une note maximale, vous êtes assurément un champion et tous les espoirs vous sont permis. En dix minutes c'est parfaitement convenable pour les concours de catégorie A. Au-delà de quinze minutes, vous êtes manifestement trop lent. Dans une forte proportion de concours, vous aurez seulement 30 secondes par question. Il faudra donc vous entraîner, avec tous les ouvrages de notre collection, pour améliorer vos performances.

3. Niveau supérieur*

1. Question historique : quel était sous la Législative (1791-1792) et sous la Convention (1793) le nom du groupe partisan du fédéralisme et hostile à la dictature de Paris ?
   - ☐ Les Girondins
   - ☐ les Jacobins
   - ☐ Les Montagnards

2. « C'est toujours le même marteau qui frappe, mais le manche est plus court. » À quelle opération s'applique cette métaphore ?
   - ☐ La décentralisation
   - ☐ La déconcentration
   - ☐ La délocalisation

3. « Je veux que les Français datent leur bonheur de l'institution des préfets. » De qui est cette belle formule ambitieuse ?
   - ☐ Bonaparte
   - ☐ Charlemagne
   - ☐ Henri IV
   - ☐ Louis XIV
   - ☐ Napoléon
   - ☐ Clemenceau
   - ☐ Charles de Gaulle

4. Quel est le fonctionnaire nommé à la tête du canton ?
   - ☐ Le cantonnier
   - ☐ Le capitaine de gendarmerie
   - ☐ Le conseiller général
   - ☐ Le conseiller territorial
   - ☐ Le directeur cantonal
   - ☐ Le garde champêtre
   - ☐ Le receveur général
   - ☐ Le préfet
   - ☐ Le sous-préfet
   - ☐ Le secrétaire général
   - ☐ Aucune bonne réponse

* Pour ces premiers tests, les réponses et commentaires sont en p. 31.

5 Quel est le fonctionnaire placé à la tête de l'arrondissement ?

- ☐ Le commandant de gendarmerie
- ☐ Le conseiller général
- ☐ Le député
- ☐ Le sénateur
- ☐ Le sous-préfet
- ☐ Le préfet
- ☐ Le directeur
- ☐ Le directeur général des services

6 Cochez les noms exacts des départements.

- ☐ Alpes-de-Haute-Provence
- ☐ Basses-Alpes
- ☐ Basses-Pyrénées
- ☐ Côtes-d'Armor
- ☐ Côtes-du-Nord
- ☐ Loire-Atlantique
- ☐ Haute-Loire
- ☐ Loire-Inférieure
- ☐ Seine-Inférieure
- ☐ Seine-et-Marne
- ☐ Seine-Maritime
- ☐ Pyrénées-Atlantiques

7 Que signifie le sigle CAR ?

- ☐ Comité pour l'Économie de la Région
- ☐ Conférence Administrative Régionale
- ☐ Conseil Administratif de la Région

8 Que signifie le sigle CESR ?

- ☐ Conférence d'Économie Sociale Régionale
- ☐ Comité Économique et Social de la République
- ☐ Conseil Économique et Social Régional.

9 Qu'est-ce que le ou la CRC ?

- ☐ Conférence Régionale Consultative
- ☐ Comité Régional Consultatif
- ☐ Chambre Régionale des Comptes
- ☐ Chambre de Régulation des Collectivités
- ☐ Cour de Ratification des Consultations

10 De quand datent les dernières élections régionales ?

- ☐ 1995
- ☐ 1996
- ☐ 1997
- ☐ 1998
- ☐ 1999

11 Quelle est maintenant la dénomination administrative exacte de la Corse ?

- ☐ Département
- ☐ Région
- ☐ Collectivité territoriale

12 Un conseil général peut-il être dissous ?

- ☐ Oui
- ☐ Non

13 Pour combien de temps est élu le président d'un conseil général ?

- ☐ 1 an
- ☐ 2 ans
- ☐ 3 ans
- ☐ 4 ans
- ☐ 5 ans
- ☐ 6 ans

14 Quelles sont les communes soumises à un régime particulier ?

- ☐ Bordeaux
- ☐ Lille
- ☐ Lyon
- ☐ Marseille
- ☐ Nantes
- ☐ Nice
- ☐ Paris
- ☐ Toulouse

15 Quel est l'âge minimum requis pour se présenter aux élections municipales ?

- ☐ 16 ans
- ☐ 18 ans
- ☐ 21 ans
- ☐ 25 ans
- ☐ 30 ans

16 Le maire est-il officier de l'état civil ?

- ☐ Oui
- ☐ Non

17 Quel est l'insigne du maire ?

- ☐ Bonnet phrygien
- ☐ Cocarde tricolore au revers de la veste
- ☐ Écharpe tricolore
- ☐ Faisceau de licteur en or

18 Qui nomme les gardes champêtres ?

- ☐ Le conseil général
- ☐ Le maire
- ☐ Le préfet
- ☐ Le procureur de la République

19 Cochez les diverses formes de coopération intercommunale.

- ☐ Communauté de communes
- ☐ Communauté urbaine
- ☐ Communauté de villes
- ☐ District
- ☐ Syndicat de communes
- ☐ Syndicat d'agglomération nouvelle
- ☐ Communauté d'agglomération

20 Cochez les collectivités d'outre-mer ayant un statut particulier.

- ☐ Comores
- ☐ Djibouti
- ☐ Mayotte
- ☐ Nouvelles-Hébrides
- ☐ Saint-Pierre-et-Miquelon

4. Réponses

1. Les Girondins étaient les partisans du fédéralisme, hostiles à la dictature de Paris. Ils furent condamnés par la Convention en juin 1793.
   Le nom (ou l'adjectif) est encore fréquemment utilisé aujourd'hui pour désigner les partisans de la décentralisation, face aux « jacobins ».

2. La déconcentration est l'opération qui consiste à transférer des pouvoirs de l'échelon central (le ministre) vers les échelons déconcentrés ou locaux (notamment le préfet). Mais il s'agit toujours de représentants de l'État. D'où l'image : « Toujours le même marteau, mais son manche est plus court. »

3. La phrase est logiquement de celui qui a institué les préfets, à savoir Bonaparte en l'an VIII (1800).

4. Il n'existe pas de fonctionnaire « à la tête du canton », donc aucune bonne réponse. Le canton est simplement la circonscription dans le cadre de laquelle est élu le conseiller général. Il n'existe pas de « conseiller territorial » ni de « directeur cantonal ». Quant aux divers fonctionnaires cités, depuis le cantonnier jusqu'au préfet, ils ont évidemment de toutes autres fonctions.

5. C'est le sous-préfet qui est à la tête de l'arrondissement.
   Une confusion peut venir du fait que les députés sont élus dans le cadre de circonscriptions qui, depuis le XIXe siècle, ont souvent ressemblé aux arrondissements. D'où l'expression usitée de « scrutin d'arrondissement ».

6. Voici les dénominations exactes actuelles des départements. Nous avons indiqué entre parenthèses les anciennes dénominations.

- Alpes-de-Haute-Provence (Basses-Alpes)
- Côtes-d'Armor (Côtes-du-Nord)
- Loire-Atlantique (Loire-Inférieure)
- Haute-Loire
- Seine-Maritime (Seine-Inférieure)
- Seine-et-Marne
- Pyrénées-Atlantiques (Basses-Pyrénées)

7   La **Conférence administrative régionale (CAR)** est présidée par le préfet de région. Elle réunit les préfets des départements de la région et les chefs des services régionaux, qui sont chefs de pôle administratif au niveau régional ainsi que le secrétaire général aux affaires régionales.

8   Le **Conseil économique et social régional (CESR)** est une assemblée consultative placée auprès du conseil régional.

9   Une **Chambre régionale des comptes (CRC)** a été créée dans chaque région depuis la loi du 2 mars 1982.

10 Les dernières élections régionales ont eu lieu le 15 mars 1998. En principe, vous y avez participé… puisque chaque citoyen y est électeur.

11 Pour la Corse : nouvelle dénomination depuis la loi du 13 mai 1991 portant création de la **Collectivité territoriale de Corse,** composée de deux départements.

12 Si le fonctionnement d'un conseil général se révèle impossible, le gouvernement peut en prononcer la dissolution, par décret en Conseil des ministres. Un seul cas s'est produit sous la Ve République (Bouches-du-Rhône en 1974).

13 Le président du conseil général est élu pour trois ans (après chaque renouvellement, les élections cantonales ayant lieu tous les trois ans afin de renouveler la moitié des conseillers généraux).

14 Les communes soumises à un régime particulier sont Paris, Lyon et Marseille. Moyen mnémotechnique pour les retenir : penser à la « loi PLM ».

15 Il faut avoir au moins 18 ans pour se présenter aux élections municipales.

16 Le maire est officier de l'état civil. C'est l'une de ses attributions essentielles en tant qu'agent de l'État.

17 Le port de l'écharpe tricolore peut être prescrit pour le maire dans l'exercice de ses fonctions (cérémonies solennelles).

18 Les gardes champêtres et les policiers municipaux sont nommés par le maire. Ils doivent être agréés par le procureur de la République.

19 Coopération intercommunale : il fallait cocher toutes les cases. La dernière nommée, la *communauté d'agglomération*, a été instituée par la loi n° 99-586 du 12 juillet 1999 relative au renforcement et à la simplification de la coopération intercommunale. D'ici l'an 2002, les districts seront transformés soit en communautés d'agglomération, soit en communautés de communes.

20 Collectivités d'outre-mer ayant un statut particulier : Mayotte, Saint-Pierre-et-Miquelon. Les autres territoires cités sont devenus indépendants.

© Éditions d'Organisation

Première partie

Questions et exercices

- **1** Panorama général des collectivités territoriales
- **2** Les communes
- **3** Le département
- **4** La région
- **5** L'arrondissement et le canton
- **6** Les statuts particuliers
- **7** Les élections
- **8** Les finances locales
- **9** La fonction publique territoriale
- **10** Éléments d'histoire communale

| 11 | L'intercommunalité

| 12 | Le développement de la décentralisation

| 13 | La loi relative aux libertés et responsabilités locales du 13 août 2004

Questions et exercices 37

1. Panorama général des collectivités territoriales

Les collectivités locales sont la commune, le département, la région. Ce sont aussi des circonscriptions administratives.

« Les communes, les départements et les régions s'administrent librement par des conseils élus. » (Article 1ᵉʳ de la loi du 2 mars 1982 relative aux droits et libertés des communes, des départements et des régions).

Des lois déterminent la répartition des compétences entre les communes, les départements, les régions et l'État.

A Questions*

♦ **Le découpage géographique**

Il convient de bien connaître la géographie administrative de notre pays. Efforcez-vous de bien visualiser la carte des régions et des collectivités d'outre-mer.

Il faut aussi connaître l'effectif de chaque catégorie de collectivité territoriale. Les questions qui suivent vont vous y aider.

1   Quel est le nombre total des communes ?

  ☐ 30 000   ☐ 32 000   ☐ 34 000
  ☐ 36 000   ☐ 40 000
  (*chiffres arrondis au millier*)

2   Quel est le nombre des départements de la France métropolitaine ?

  ☐ 90   ☐ 91   ☐ 92   ☐ 93
  ☐ 94   ☐ 95   ☐ 96

* Les réponses et commentaires sont en p. 115.

© Éditions d'Organisation

Quel est le nombre des départements de la France d'outre-mer ?

- ☐ 1
- ☐ 2
- ☐ 3
- ☐ 4
- ☐ 5
- ☐ 6
- ☐ 7
- ☐ 8

Quel est le nombre total des départements ?

- ☐ 90
- ☐ 91
- ☐ 92
- ☐ 93
- ☐ 94
- ☐ 95
- ☐ 96
- ☐ 97
- ☐ 98
- ☐ 99
- ☐ 100

3 Quel est le nombre des régions de la France métropolitaine ?

- ☐ 16
- ☐ 18
- ☐ 20
- ☐ 21
- ☐ 24
- ☐ 25
- ☐ 30

Quel est le nombre des régions de la France d'outre-mer ?

- ☐ 2
- ☐ 4
- ☐ 6
- ☐ 8
- ☐ 10

Quel est le nombre total des régions ?

- ☐ 16
- ☐ 20
- ☐ 25
- ☐ 26
- ☐ 24
- ☐ 30
- ☐ 36

4 Question sur les territoires d'outre-mer (TOM) et autres collectivités territoriales.
Voici leur liste, dans l'ordre alphabétique. Vous les classerez par ensembles géographiques.

- ☐ Nouvelle-Amsterdam
- ☐ Crozet
- ☐ Kerguelen
- ☐ Mayotte
- ☐ Nouvelle-Calédonie
- ☐ Polynésie Française
- ☐ Saint-Paul
- ☐ Saint-Pierre-et-Miquelon
- ☐ Terre Adélie
- ☐ Wallis et Futuna

Ensembles géographiques – Marquez A, I, P ou TAAF

- ☐ Océan Atlantique (A)
- ☐ Océan Indien (I)
- ☐ Océan Pacifique (P)
- ☐ Terres australes et antarctiques françaises (TAAF)

Questions et exercices

◆ La décentralisation

1. Le mot *décentralisation* figure-t-il dans la Constitution de 1958 ?
   ☐ Oui   ☐ Non

2. Cochez l'expression qui figure dans le texte de la Constitution de 1958.
   ☐ Collectivité locale   ☐ Collectivité décentralisée

3. La France est-elle une République *indivisible* ?
   ☐ Oui   ☐ Non

   Le mot *indivisible* figure-t-il dans le texte de la Constitution ?
   ☐ Oui   ☐ Non

4. L'expression « souveraineté locale » figure-t-elle dans la Constitution de 1958 ?
   ☐ Oui   ☐ Non

5. Marquez par D ce qui correspond aux collectivités décentralisées et par A ce qui correspond aux circonscriptions administratives de l'État.
   ☐ Aire géographique sans personnalité morale
   ☐ Arrondissement
   ☐ Canton
   ☐ Commune
   ☐ Département
   ☐ Région
   ☐ Personnes morales de droit public
   ☐ Possibilité de créer des établissements publics territoriaux

6. Marquez par *a* ce qui correspond à la déconcentration et par *b* ce qui correspond à la décentralisation.
   ☐ Attribution de l'autonomie à des collectivités
   ☐ Libre administration par des conseils élus

- ☐ Constitution de pouvoirs différents dans des parties déterminées du territoire
- ☐ Exercice de compétences par des agents de l'État
- ☐ Exercice du pouvoir hiérarchique
- ☐ Exercice d'un contrôle d'opportunité

⬛ *B* ⬛ Exercices sur les textes*

L'exercice consiste à cocher les mots ou expressions convenables dans les cases qui suivent. Vous devez ainsi retrouver les phrases exactes du Code général des collectivités territoriales.

Extraits du Code des collectivités territoriales

Première partie. Dispositions communes

Article L. 1111-1

« Les ☐ communes, ☐ cantons, ☐ arrondissements, ☐ les départements et les ☐ régions s'administrent librement par des ☐ assemblées, ☐ chambres, ☐ conseils, ☐ partis, ☐ tribunaux élus. »
Article 1, alinéa 1ᵉʳ de la loi n° 82-213 du 2 mars 1982.

Article L. 1111-2

Les communes, les départements et les régions règlent par leurs ☐ avis, ☐ conseils, ☐ consultations, ☐ délibérations les affaires de leur compétence.
Ils concourent avec ☐ le pouvoir, ☐ l'État, ☐ l'Europe à l'administration et à l'aménagement du territoire, au développement économique, social, sanitaire, culturel et scientifique ainsi qu'à la protection de l'environnement et à l'amélioration ☐ des administrations, ☐ du cadre de vie, ☐ de la durée de la vie, ☐ de l'espérance de vie.
Les communes, les départements et les régions constituent le cadre institutionnel de la participation des ☐ camarades,

---

* Les réponses et commentaires sont en p. 117.

☐ des citoyens, ☐ des habitants à la vie locale et garantissent l'expression de sa diversité.
Article 1er de la loi n° 83-8 du 7 janvier 1983.

Article L. 1111-3

La répartition ☐ de l'argent public, ☐ des crédits, ☐ des compétences entre les communes, les départements et les régions ne peut autoriser l'une de ces collectivités à établir ☐ une autorité ou exercer une ☐ suprématie, ☐ une tutelle, sous quelque forme que ce soit, sur une autre d'entre elles.
Article 2 de la loi n° 83-8 du 7 janvier 1983.

Article L. 1614-1

Tout ☐ abaissement, ☐ accroissement, ☐ agrandissement, ☐ grossissement net de charges résultant des transferts de compétences entre l'État et les collectivités territoriales est accompagné du transfert concomitant par l'État aux communes, aux départements et aux régions des ressources nécessaires à ☐ la dépense, à ☐ l'exercice normal, ☐ la réalisation de ces compétences. Ces ressources sont équivalentes aux dépenses effectuées, à la date du transfert, par l'État, au titre des compétences transférées et évoluent chaque année comme la dotation globale de fonctionnement. Elles assurent ☐ l'augmentation, ☐ la compensation, ☐ la diminution intégrale des charges transférées.
Lois n° 82-213 du 2 mars 1982 et 83-8 du 7 janvier 1983.

Article L. 1617-1

☐ L'agent supérieur, ☐ le comptable, ☐ le financier, ☐ le trésorier, de la commune, du département ou de la région est un comptable direct du Trésor ayant la qualité de comptable ☐ auxiliaire, ☐ principal, ☐ secondaire, ☐ supérieur.
Il est ☐ appelé, ☐ exécuté, ☐ nommé, ☐ titularisé par le ministre chargé du Budget après information préalable, selon le cas, du ou des maires concernés, du président du conseil général ou du président du conseil régional.
Loi n° 82-213 du 2 mars 1982, article 14.

© Éditions d'Organisation

2. Les communes

А Questions*

◆ **Le statut des communes**

1   Qu'est-ce que le Code des communes ?
    - ☐ Un recueil de lois datant de l'occupation romaine
    - ☐ Un code de bonne conduite communale, qui remonte au Moyen Âge
    - ☐ La partie du Code de la route spécialement destinée à la traversée des communes
    - ☐ Un recueil codifié des textes relatifs aux communes

2   Cochez les propositions exactes.
    - ☐ Il y a dans chaque commune un maire et un ou plusieurs adjoints élus parmi les membres du conseil municipal.
    - ☐ En outre, le conseil municipal peut désigner d'autres adjoints parmi les notabilités locales.
    - ☐ Les conseils municipaux déterminent librement le nombre des adjoints au maire, sans que ce nombre puisse excéder 30 % de l'effectif légal du conseil municipal.
    - ☐ Lorsqu'un obstacle quelconque ou l'éloignement rend difficiles les communications entre le chef-lieu et une fraction de commune, un poste d'adjoint spécial peut être institué par délibération du conseil municipal.

3   De quoi est composé le corps municipal de chaque commune ?
    - ☐ Du maire
    - ☐ D'un ou plusieurs adjoints

* Les réponses et commentaires sont en p. 119.

Questions et exercices

- ☐ Du conseil municipal
- ☐ D'un représentant du préfet
- ☐ De représentants spéciaux des jeunes de moins de 18 ans

4 Marquez avec un « m » l'effectif minimum et avec un « M » l'effectif maximum d'un conseil municipal de droit commun.

☐ 3	☐ 6	☐ 9	☐ 12	☐ 15
☐ 39	☐ 69	☐ 73	☐ 101	☐ 163

5 Quel est l'effectif du conseil municipal de Paris ?

☐ 39   ☐ 69   ☐ 73   ☐ 101   ☐ 163

6 Cochez les propositions exactes.
- ☐ Le conseil municipal élit le maire et les adjoints parmi ses membres, au scrutin secret et à la majorité absolue.
- ☐ Nul ne peut être élu maire s'il n'est âgé de 31 ans révolus.
- ☐ Si, après deux tours de scrutin, aucun candidat n'a obtenu la majorité absolue, il est procédé à un troisième tour de scrutin et l'élection a lieu à la majorité simple.
- ☐ En cas d'égalité des suffrages, c'est alors le plus âgé qui est déclaré élu.

7 Voici la liste des compétences directes de la commune. Y a-t-il une erreur ? Si oui, cochez-la.
- ☐ Action culturelle
- ☐ Collèges
- ☐ Écoles primaires
- ☐ Environnement
- ☐ Urbanisme et logement
- ☐ État civil

8 Cochez les bonnes propositions pour les élections municipales.
- ☐ Scrutin uninominal pour moins de 500 habitants
- ☐ Scrutin majoritaire à deux tours avec possibilité de panachage et de listes incomplètes jusqu'à 2 500 habitants
- ☐ Listes complètes de 2 500 à 3500 habitants
- ☐ Système complexe au-delà de 3 500 habitants

© Éditions d'Organisation

9 Quelle périodicité est prévue par la loi pour la réunion des conseils municipaux ?

☐ Une fois par an
☐ Une fois par semestre
☐ Au moins une fois par trimestre
☐ Une fois par mois
☐ Une fois par semaine

10 Des réunions supplémentaires sont-elles possibles ?

☐ Oui ☐ Non

Le maire peut-il réunir le conseil municipal chaque fois qu'il le juge utile ?

☐ Oui ☐ Non

Le représentant de l'État peut-il demander une convocation du conseil municipal ?

☐ Oui ☐ Non

Un conseil municipal peut-il se réunir de sa propre initiative ?

☐ Oui ☐ Non

11 Qui convoque le conseil municipal ?

☐ Le président du conseil général
☐ Le préfet
☐ Le maire
☐ Le secrétaire de mairie

12 Comment sont prises les délibérations du conseil municipal ?

☐ À l'unanimité
☐ À la majorité simple
☐ À la majorité absolue des suffrages exprimés
☐ Sans aucune condition particulière

13 Les séances des conseils municipaux sont-elles publiques ?

☐ Oui ☐ Non

14 Qui détient la police de l'assemblée lors des séances du conseil municipal ?

☐ Le préfet
☐ Le maire
☐ Le commissaire de police dans les communes urbaines
☐ Le garde champêtre dans les communes rurales

15 Les comptes rendus de séance des conseils municipaux sont-ils publics ?

☐ Oui   ☐ Non

16 Un conseil municipal peut-il être dissous ?

☐ Oui   ☐ Non

17 Cochez les phrases exactes concernant les attributions des conseils municipaux.

☐ Le conseil municipal règle par ses délibérations les affaires de la commune.
☐ Il donne son avis toutes les fois que cet avis est requis par les lois et règlements, ou qu'il est demandé par le représentant de l'État dans le département.
☐ Il émet des vœux sur tous problèmes d'intérêt régional ou national.

18 Cochez les propositions exactes parmi les suivantes.

☐ Si un citoyen croit être lésé par un acte du conseil municipal, il peut en demander l'annulation au tribunal administratif.
☐ Sont illégales les délibérations auxquelles ont pris part des membres du conseil intéressés à l'affaire qui en est l'objet, soit en leur nom personnel, soit comme mandataires.
☐ Les membres d'un conseil municipal ont droit à une formation adaptée à leurs fonctions. Les frais de formation de l'élu constituent une dépense obligatoire pour la commune.

19 Par quel acte est décidé le changement de nom d'une commune ?

- ☐ Par une loi constitutionnelle
- ☐ Par une ordonnance
- ☐ Par un décret
- ☐ Par un arrêté préfectoral
- ☐ Par un arrêté municipal

Après quelle procédure ?

- ☐ Sur la demande du conseil municipal
- ☐ Après consultation du conseil général
- ☐ Le Conseil d'État entendu
- ☐ Sur le rapport du ministre de l'Intérieur

20 Quel est le signe distinctif de l'autorité du maire ?

- ☐ Un bonnet phrygien
- ☐ La Légion d'honneur
- ☐ Une écharpe tricolore avec glands à franges d'or
- ☐ Une écharpe tricolore avec palmes

◆ **Les communes en chiffres**

1 Combien y a-t-il de communes ?

☐ 6 000   ☐ 16 000   ☐ 26 000   ☐ 36 000

2 Combien y a-t-il de maires ?

☐ 6000   ☐ 16 000   ☐ 36 000   ☐ plus de 40 000

3 Combien y a-t-il de conseillers municipaux ?

☐ 5 000   ☐ 50 000   ☐ 150 000   ☐ 500 000

4 Questions relatives aux communes de plus de 3 500 habitants. Quel est le nombre de femmes maires ?

☐ 181   ☐ 2 443   ☐ 2 624   ☐ 38 106

Quelle est la proportion de femmes parmi les conseillers municipaux ?

☐ 7,5 %   ☐ 27,5 %   ☐ 47,5 %   ☐ 57,5 %   ☐ 67,5 %

5   Quel est le nombre moyen de communes par département ?

☐ 80   ☐ 180   ☐ 380
☐ 580   ☐ 880

6   Quelle est la superficie moyenne d'une commune française ?

☐ 0,5 ha   ☐ 1,5 km^2 ☐ 1,5 ha   ☐ 150 ha
☐ 15 ha   ☐ 15km^2 ☐ 1 500 ha

7   Quelle est la plus grande commune de France ?

☐ Arles   ☐ Avignon   ☐ Lyon
☐ Paris   ☐ Marseille

8   Quelle est la superficie de Paris ?

☐ 5 km^2 ☐ 15   ☐ 50
☐ 150   ☐ 750   ☐ 150

9   Quand une commune rurale devient-elle urbaine ?
Une commune devient urbaine lorsque la population regroupée en agglomération atteint :

☐ 500 habitants   ☐ 1 000   ☐ 1 500   ☐ 2 000
☐ 2 500   ☐ 5 000   ☐ 10 000

10 Combien y a-t-il de communes de moins de 2 000 habitants ?

☐ 300   ☐ 3 000   ☐ 3 300   ☐ 33 000

11 Combien y a-t-il de communes de moins de 500 habitants ?

☐ 400   ☐ 4 000   ☐ 14 000   ☐ 24 000   ☐ 34 000

Combien y a-t-il de communes de moins de 100 habitants ?

☐ 100   ☐ 400   ☐ 2 400   ☐ 4 000   ☐ 14 000

12 Est-ce qu'une commune peut avoir zéro habitant ?

☐ Oui ☐ Non

13 Quelle est, parmi ces villes de la région Île-de-France, celle qui a la densité la plus faible ?

☐ Asnières ☐ Boulogne
☐ Levallois-Perret ☐ Versailles
☐ Aubervilliers ☐ Courbevoie
☐ Paris

14 Quelle est la plus petite commune de France ?

☐ Ay ☐ Mouilleron-en-Pareds
☐ Castelmoron-d'Albret ☐ Saint-Benoît

15 Est-ce qu'une commune a un nom d'une seule lettre ?

☐ Oui ☐ Non

16 Combien de caractères comporte le nom le plus long d'une commune française ?

☐ Plus de 20 ☐ Plus de 30
☐ Plus de 40 ☐ Plus de 50

17 Est-ce que plusieurs milliers de communes peuvent avoir un nom commençant par le même mot ?

☐ Oui ☐ Non

◆ **Les compétences de la commune**

Les compétences dans le domaine budgétaire seront traitées plus loin, dans le chapitre consacré aux finances locales.

1 Cochez les phrases exactes.

☐ Le conseil municipal est chargé de la gestion du domaine communal.

Questions et exercices 49

- ☐ Il décide des travaux publics à effectuer pour le compte de la commune.
- ☐ Il crée et organise librement les services publics municipaux.

2   Cochez les bonnes propositions.
- ☐ Le conseil municipal intervient dans l'élaboration des schémas directeurs.
- ☐ Il est consulté sur les plans d'occupation des sols.

3   Cochez les dépenses obligatoires pour les communes.

Série 1
- ☐ L'entretien de l'hôtel de ville
- ☐ Les frais de bureau et d'impression pour le service de la commune
- ☐ Les frais de conservation des archives communales

Série 2
- ☐ La rémunération des agents communaux
- ☐ Les traitements et autres frais du personnel de la police municipale et rurale
- ☐ La cotisation au budget du Centre national de la fonction publique territoriale

Série 3
- ☐ Les dépenses des services communaux de désinfection et des services communaux d'hygiène et de santé
- ☐ Les dépenses relatives au système d'assainissement collectif
- ☐ Les dépenses liées à la police de la salubrité
- ☐ Les dépenses de prospections, traitements, travaux et contrôles nécessaires à l'action de lutte contre les moustiques

4   Cochez ce qui relève des compétences de la commune.

- ☐ Voies communales   ☐ Routes départementales
- ☐ Routes nationales   ☐ Autoroutes

5   Les cimetières sont-ils de la compétence des communes ?

- ☐ Oui   ☐ Non

© Éditions d'Organisation

6 Le service d'incendie et de secours est-il obligatoire pour les communes ?

☐ Oui ☐ Non

7 L'enseignement peut-il constituer un service public obligatoire pour les communes ?

☐ Oui ☐ Non

8 Une commune peut-elle demander aux parents une participation aux frais de ramassage scolaire ?

☐ Oui ☐ Non

Une commune peut-elle demander aux parents une participation aux frais d'acquisition du matériel d'enseignement ?

☐ Oui ☐ Non

9 Les communes peuvent-elles percevoir une redevance pour les études surveillées qu'elles organisent dans les écoles primaires et les garderies dans les écoles maternelles ?

☐ Oui ☐ Non

10 Une commune peut-elle accorder une aide directe à une entreprise en difficulté ?

☐ Oui ☐ Non

11 Cochez les propositions exactes concernant les compétences du maire.

Série 1
☐ Il préside le conseil municipal.
☐ Il prépare ses délibérations.
☐ Il prépare et exécute le budget municipal.

Série 2
☐ Il ordonne les dépenses.
☐ Il exécute les contrats signés par le conseil municipal.
☐ Il nomme aux emplois qu'il a créés lui-même.

Série 3
- ☐ Il est chargé de la police administrative.
- ☐ Il assure le bon ordre, la sûreté, la sécurité et la salubrité publiques.
- ☐ Il est responsable du nettoiement et de l'éclairage des voies publiques.
- ☐ Il peut ordonner l'enlèvement des encombrements.
- ☐ Il peut ordonner la démolition ou la réparation des édifices menaçant ruines.
- ☐ Le maire agit dans ces attributions au nom de la commune, sous le contrôle des juridictions administratives.
- ☐ Le préfet ne peut intervenir au niveau d'une commune qu'en cas de carence du maire, en exerçant son pouvoir de substitution après mise en demeure.

Série 4
- ☐ Le maire dirige le personnel communal.
- ☐ Il représente la commune en justice.
- ☐ Il demande au préfet de délivrer les permis de construire lorsque la commune s'est dotée d'un plan d'occupation des sols.

12 Cochez les propositions exactes concernant les pouvoirs du maire en tant qu'agent de l'État.
- ☐ Publication et exécution des lois et règlements.
- ☐ Officier de police judiciaire (poursuite des infractions).
- ☐ Organisation des scrutins, révision des listes électorales.

13 Cochez les phrases exactes concernant le contrôle des autorités communales.
- ☐ La tutelle a été beaucoup renforcée depuis le début des années 1980.
- ☐ Le contrôle le plus important est exercé par le corps électoral.
- ☐ Le contrôle sur les personnes est conçu comme une série de sanctions destinées à contraindre les élus à se soumettre à leurs obligations.

◆ **Les regroupements de communes, les établissements publics territoriaux**

1 Quelle est la formule juridique la plus utilisée depuis longtemps pour réaliser des groupements fonctionnels de communes ?
À cocher, le cas échéant, parmi les formules suivantes.

☐ L'association ☐ La fondation
☐ La fédération ☐ La confédération
☐ La société d'économie mixte

2 Cochez les propositions exactes concernant les syndicats de communes.

☐ Leur création remonte au XIXe siècle.
☐ Le syndicat de communes a une personnalité juridique distincte de celle des communes adhérentes.
☐ C'est un établissement public qui réalise une sorte de confédération de communes.
☐ L'intégration est plus poussée que dans le cas du district ou de la communauté urbaine.

3 Cochez les catégories de syndicats de communes.

☐ Syndicats de communes à vocation contractuelle
☐ Syndicats de communes à vocation départementale
☐ Syndicats de communes à vocation régionale
☐ Syndicats de communes à vocation ministérielle
☐ Syndicats de communes à vocation nationale
☐ Syndicats intercommunaux à vocation unique
☐ Syndicats intercommunaux à vocation multiple

4 Cochez les activités pouvant être confiées à des syndicats de communes.

☐ Alimentation en eau ☐ Gestion scolaire
☐ Assainissement ☐ Ramassage scolaire
☐ Électrification ☐ Traitement des ordures ménagères
☐ Équipements sportifs ☐ Travaux de voirie

Questions et exercices 53

5   Quels sont ou quels peuvent être les éléments du budget d'un syndicat de communes ?
    - ☐ Contributions des communes membres
    - ☐ Produits des taxes ou redevances correspondant aux services effectués
    - ☐ Recettes fiscales
    - ☐ Subvention de l'État ou d'autres collectivités territoriales

B   Exercices sur les textes*

L'exercice consiste à cocher les mots ou expressions convenables dans les cases qui suivent. Vous devez ainsi retrouver les phrases exactes du Code général des collectivités territoriales.

Article L. 2111-1

Le changement ☐ d'endroit, ☐ de lieu, ☐ de nom d'une commune est décidé par décret en Conseil d'État, sur demande du conseil municipal et après consultation ☐ du Conseil d'État, ☐ du conseil général, ☐ du Conseil des ministres.

Article L. 2121-1

Le corps municipal de chaque commune se compose ☐ du conseil général, ☐ du conseil municipal, ☐ du maire, ☐ du préfet et d'un ou plusieurs ☐ adjoints, ☐ suppléants, ☐ titulaires.

Article L. 2121-6

Un conseil municipal ne peut être ☐ absous, ☐ corrigé, ☐ dissous, ☐ réélu que par décret motivé rendu en Conseil des ministres et publié au Journal officiel.
S'il y a urgence, il peut être provisoirement ☐ pendu, ☐ suspendu, ☐ titularisé par arrêté motivé du représentant de l'État dans le département. La durée de la ☐ révocation, ☐ suspension, ☐ tension ne peut excéder un mois.

* Les réponses et commentaires sont en p. 127.

© Éditions d'Organisation

Article L. 2121-29

Le conseil municipal règle par ses délibérations ☐ les achats, ☐ les affaires, ☐ les charges, ☐ les dépenses de la commune.
Il donne son ☐ agrément, ☐ aval, ☐ avis toutes les fois que celui-ci est requis par les lois et règlements ou qu'il est demandé par le représentant de l'État dans le département.
Lorsque le conseil municipal, régulièrement requis et convoqué, refuse ou néglige de donner un avis, il peut être ☐ ajouté, ☐ passé outre, ☐ suspendu.
Le conseil municipal émet des ☐ désirs, ☐ souhaits, ☐ vœux sur tous les objets d'intérêt ☐ général, ☐ international, ☐ local, ☐ national, ☐ universel.

Article L. 2122-1

Il y a dans chaque commune, ☐ un directeur, ☐ un maire, ☐ un président et un ou plusieurs ☐ assesseurs, ☐ adjoints, ☐ suppléants élus parmi les membres du conseil municipal.

Article L. 2122-2

Le conseil municipal détermine le nombre des adjoints, ☐ assesseurs, ☐ délégués au maire sans que ce nombre puisse excéder 30 pour cent de l'effectif légal du ☐ conseil général, ☐ conseil municipal, ☐ conseil régional.

Article L.2122-4

Le maire et les adjoints sont élus par le conseil municipal parmi ses ☐ électeurs, ☐ suppléants, ☐ membres. Nul ne peut être élu maire s'il n'est âgé de ☐ seize, ☐ vingt-et-un, ☐ trente-cinq ans révolus.

Article L. 2311-1

Le ☐ budget, ☐ compte financier, ☐ tableau financier de la commune est établi en section ☐ d'ajustement, ☐ de fonctionnement, ☐ de positionnement et en section ☐ d'investissement, tant en recettes qu'en dépenses.

Le budget de la commune est divisé en chapitres et articles dans les conditions qui sont déterminées par ☐ décret, ☐ loi, ☐ ordonnance.

Article L. 2311-3

Le budget de la commune est proposé par le maire et ☐ assuré, ☐ financé, ☐ voté par le conseil municipal.

Article L. 2333-76

Les communes, les établissements publics de coopération intercommunale ou les établissements publics locaux qui assurent ☐ l'achèvement, ☐ le conditionnement, ☐ l'enlèvement, ☐ le financement des ordures, déchets et résidus peuvent instituer une redevance calculée en fonction de l'importance du service rendu.

La redevance est instituée par l'assemblée délibérante de la collectivité locale ou de l'établissement public qui en fixe le ☐ destin, ☐ futur, ☐ refoulement, ☐ tarif.

Article L. 2511-1

Les communes de ☐ Bordeaux, ☐ Paris, ☐ Lille, ☐ Marseille, ☐ Lyon, ☐ Strasbourg, ☐ Toulouse sont soumises aux règles applicables aux communes, sous réserve des dispositions du présent titre et des autres dispositions législatives qui leur sont propres. *Loi n° 82-1169 du 31 décembre 1982, dite « loi PLM ».*

Article L. 2511-2

Les affaires des communes de ☐ Bordeaux, ☐ Paris, ☐ Lille, ☐ Marseille, ☐ Lyon, ☐ Strasbourg, ☐ Toulouse sont réglées par un conseil municipal, et pour certaines attributions définies au présent chapitre, par des conseils ☐ d'aboutissement, ☐ d'arrondissement, ☐ d'assainissement. Les délibérations des conseils municipaux sont préparées et exécutées par le maire de la commune, celles de chaque conseil ☐ d'aboutissement, ☐ d'arrondissement, ☐ d'assainissement par le maire ☐ d'arrondissement, ☐ de région, ☐ de section.

Article L. 2511-3

Les communes de ☐ Bordeaux, ☐ Paris, ☐ Lille, ☐ Marseille, ☐ Lyon, ☐ Strasbourg, ☐ Toulouse sont respectivement divisées en ☐ cent, ☐ cinquante, ☐ vingt, ☐ seize et ☐ neuf, ☐ cinq, ☐ trois arrondissements.

Article L.2512-1

Outre la commune de Paris, le territoire de la ville de Paris recouvre une seconde collectivité territoriale : ☐ le canton, ☐ le département, ☐ le territoire de Paris.
Les affaires de ces deux collectivités sont réglées par les délibérations d'une même assemblée, dénommée « Conseil de Paris », présidée par le maire de Paris.

Article L. 2512-2

Lorsque le conseil de Paris siège en qualité de conseil municipal, les dispositions relatives aux conseils municipaux lui sont applicables.

Article L. 2512-3

Le conseil de Paris est composé de ☐ 23, ☐ 33, ☐ 63, ☐ 163 membres.

3. Le département

│ A │ Questions*

1 Quand ont été créés les départements ?

- ☐ Au XVIIIᵉ siècle
- ☐ Au début de la Révolution
- ☐ Sous le Consulat
- ☐ Sous la Iʳᵉ République
- ☐ Sous la IIIᵉ République

2 Certains départements sont composites. Rendez à chaque département les petites provinces ou parties de plus grandes provinces dont il est composé.

- ☐ Charente-Maritime
- ☐ Haute-Vienne
- ☐ Pyrénées-Atlantiques
- ☐ Yonne

Petites régions ou provinces

- ☐ Aunis
- ☐ Béarn
- ☐ Pays Basque
- ☐ Saintonge

Parties de provinces ou régions

- ☐ Bourgogne
- ☐ Limousin
- ☐ Champagne
- ☐ Marche
- ☐ Gascogne
- ☐ Orléanais
- ☐ Guyenne
- ☐ Poitou

3 À quels départements correspondent ces anciennes provinces ?

- ☐ Bourbonnais
- ☐ Quercy
- ☐ Comté de Foix
- ☐ Rouergue
- ☐ Gévaudan
- ☐ Velay
- ☐ Périgord

* Les réponses et commentaires sont en p. 130.

Départements :
Allier, Ariège, Aveyron, Dordogne, Haute-Loire, Lot, Lozère.

4 Existe-t-il un département plus peuplé que Paris ?

☐ Oui ☐ Non

5 Classez ces départements selon l'importance de leur population.

☐ Bouches-du-Rhône ☐ Pas-de-Calais
☐ Hauts-de-Seine ☐ Rhône
☐ Nord

6 Marquez « pc » pour les départements de la petite couronne de Paris.

☐ Essonne ☐ Seine-et-Marne
☐ Val-de-Marne ☐ Yvelines
☐ Hauts-de-Seine ☐ Seine-Saint-Denis
☐ Val-d'Oise

7 Cochez les propositions exactes. L'arrondissement est :

☐ une circonscription administrative
☐ une collectivité territoriale
☐ obligatoirement doté d'un sous-préfet et d'une sous-préfecture
☐ constitué par une fédération de cantons

8 Comment sont élus les conseillers généraux ?

☐ À la représentation proportionnelle
☐ Au scrutin de liste
☐ Au scrutin uninominal à un tour
☐ Au scrutin uninominal à deux tours

9 Cochez les propositions exactes.

☐ Le conseil général règle par ses délibérations les affaires du département.
☐ Le département apporte aux communes qui le demandent son soutien à l'exercice de leurs compétences.
☐ Le conseil général délimite la superficie des cantons qui composent le département.

10

- ☐ Le conseil général élit son président et les autres membres de son bureau.
- ☐ Il peut déléguer une partie de ses attributions à une commission permanente.
- ☐ La commission permanente est composée du président, de quatre à dix vice-présidents, et éventuellement d'un ou plusieurs autres membres.
- ☐ La commission peut s'adjoindre, en tant que de besoin, des experts choisis parmi les personnalités du département.

11

- ☐ Le président du conseil général est l'organe exécutif du département.
- ☐ Il prépare et exécute les délibérations du conseil général.
- ☐ Il est l'ordonnateur des dépenses du département.
- ☐ Il est le chef des services du département.
- ☐ Il gère le domaine du département, et exerce les pouvoirs de police afférents à cette gestion.

12

- ☐ Le représentant de l'État dans le département est nommé par décret en Conseil des ministres.
- ☐ Il porte le titre de commissaire de la République.
- ☐ Il représente chacun des ministres et dirige les services de l'État dans le département.
- ☐ Il a dans le département la charge des intérêts nationaux, du respect des lois et de l'ordre public.

13

- ☐ Les conseils généraux ont leur siège à l'hôtel du département.
- ☐ Ils se réunissent à l'initiative de leur président, au moins une fois par semaine.
- ☐ Le président est élu pour une durée de trois ans.
- ☐ Les séances du conseil général sont publiques.

14 Qu'est-ce qui est de la compétence du département ?

- ☐ Les écoles
- ☐ Les collèges
- ☐ Les lycées
- ☐ Les universités

15 Cochez les compétences du département.

- ☐ Aide sociale
- ☐ Formation professionnelle
- ☐ Ports maritimes
- ☐ Transports scolaires
- ☐ Établissement de programmes d'équipement rural
- ☐ Gestion de la voirie départementale et du patrimoine départemental

16 Un conseil général peut-il être dissous ?

- ☐ Oui
- ☐ Non

17 Existe-t-il un service départemental d'incendie et de secours ?

- ☐ Oui
- ☐ Non

18 Qu'est-ce que la DDASS ?

- ☐ Dotation départementale pour l'action sanitaire et sociale
- ☐ Direction départementale administrative de la Sécurité sociale
- ☐ Direction départementale pour l'administration de la Sécurité sociale
- ☐ Direction départementale des affaires sanitaires et sociales

19 Qui établit la carte scolaire des collèges ?

- ☐ Le conseil général
- ☐ Le préfet
- ☐ L'inspecteur d'académie

20 Les agents du département font-ils partie de la fonction publique de l'État ?

- ☐ Oui
- ☐ Non

Exercices sur les textes*

L'exercice consiste à cocher les mots ou expressions convenables dans les cases qui suivent. Vous devez ainsi retrouver les phrases exactes du Code général des collectivités territoriales.

Article L. 3111-1

Le changement de nom d'un département est décidé par décret en Conseil d'État sur la demande du conseil ☐ d'État, ☐ général, ☐ municipal, ☐ régional.

Article L. 3121-1

Il y a dans chaque ☐ arrondissement, ☐ département, ☐ région un conseil ☐ d'arrondissement, ☐ départemental, ☐ général.
Article 1er de la loi du 10 août 1871.

Article L. 3127-7

Le conseil ☐ d'arrondissement, ☐ départemental, ☐ général a son siège ☐ à la cathédrale, ☐ à la préfecture, ☐ à l'hôtel du département.
Loi n° 82-213 du 2 mars 1982.

Article L. 3121-8

Le conseil général établit son ☐ arrêté, ☐ décret, ☐ règlement, ☐ traitement intérieur dans le mois qui suit son renouvellement. Le règlement intérieur peut être déféré devant le ☐ maire, ☐ préfet, ☐ ministre de l'Intérieur, ☐ tribunal administratif.

Article L. 3121-9

Le conseil général se réunit, à l'initiative de son président, au moins une fois par trimestre, dans un lieu du département choisi

---

* Les réponses et commentaires sont en p. 132.

par ☐ l'arbitre départemental, ☐ la commission permanente, ☐ le préfet, ☐ le ministre de l'Intérieur.

Article L. 3121-10

Le conseil général est également réuni à la demande de la commission permanente, ou du tiers de ses ☐ directeurs, ☐ membres, ☐ sièges.

Article L. 3121-11

Les séances du conseil général sont ☐ fermées, ☐ privées, ☐ publiques.
Néanmoins, sur la demande de cinq membres ou du président, le conseil général peut décider, sans débat, à la majorité absolue des membres présents ou représentés, qu'il se réunit ☐ *a giorno*, ☐ à huis clos, ☐ *in vitro*.

Article L. 3121-12

Le président a seul ☐ l'ambassade, ☐ la milice, ☐ la police, ☐ la réglementation de l'assemblée.
Il peut faire expulser de l'auditoire ou ☐ arrêter, ☐ introniser, ☐ perpétuer tout individu qui trouble l'ordre.

Article L. 3122-1

Le conseil général élit son ☐ directeur, ☐ président, ☐ recteur lors de la réunion de droit qui suit chaque renouvellement ☐ annuel, mensuel, ☐ quinquennal, ☐ triennal.
Pour cette élection, il est présidé par son doyen d'âge, le plus jeune membre faisant fonction de ☐ lecteur, ☐ secrétaire, ☐ préfet.
Le président est élu à la ☐ proportionnelle, ☐ majorité absolue, ☐ majorité relative des membres du conseil général pour une durée de ☐ trois mois, ☐ trois ans, ☐ cinq ans. Si cette élection n'est pas acquise après les deux premiers tours de scrutin, il est procédé à un troisième tour de scrutin et l'élection a lieu à la

majorité relative des membres du conseil général. En cas d'égalité des voix, l'élection est acquise au bénéfice ☐ de l'âge, ☐ du baratin, ☐ de l'éloquence.

Article L. 3131-1

Les ☐ actes, ☐ avis, ☐ conseils pris par les autorités départementales sont ☐ approuvés, ☐ exécutoires, ☐ provisoires de plein droit dès qu'il a été procédé à leur ☐ publication, ☐ ratification, ☐ publipostage ou à leur ☐ lancement, ☐ promotion, ☐ notification aux intéressés, ainsi qu'à leur transmission au représentant de ☐ l'assemblée, ☐ de l'État, ☐ du sénat dans le département.
Le président du conseil général certifie, sous sa responsabilité, le caractère ☐ définitif, ☐ exécutoire, ☐ provisoire, ☐ résiduel de ces actes.

Article L. 3132-1

Le représentant de l'État dans le département défère au ☐ préfet, ☐ au ministre de l'Intérieur, ☐ au tribunal administratif les actes qu'il estime contraires à la ☐ décence, ☐ à la légalité, ☐ à l'opportunité dans les deux mois suivant leur transmission.
Lorsque le représentant de l'État dans le département défère un acte ☐ à l'assemblée, ☐ au tribunal administratif, ☐ au juge, ☐ au préfet, il en informe sans délai l'autorité départementale et lui communique toutes précisions sur les illégalités invoquées à l'encontre de l'acte concerné.

Article L. 3211-1

Le conseil ☐ départemental, ☐ général, ☐ du tourisme règle par ses délibérations les affaires du département. Il statue sur tous les ☐ domaines, ☐ les objets, ☐ les secteurs sur lesquels il est appelé à délibérer par les lois et règlements, et, généralement, sur tous les objets d'intérêt ☐ départemental, ☐ général, ☐ national dont il est saisi.
Il donne son ☐ absolution, ☐ accord, ☐ avis sur tous les objets sur lesquels il est consulté en vertu des lois et règlements ou dont

il est saisi par les ministres, et notamment sur les changements proposés aux limites territoriales du département, des cantons, des arrondissements et des communes et sur la désignation de leur ☐ centre, ☐ cercle, ☐ chef-lieu, ☐ circonscription.
Lois du 10 août 1871 et du 2 mars 1982.

Article L. 3212-1

Le conseil général vote ☐ les actions, ☐ le budget, ☐ les finances, ☐ les obligations du département.
Il vote les ☐ bénéfices, ☐ intérêts, ☐ taux des impositions et taxes dont la ☐ circonscription, ☐ la perception, ☐ la suspension est autorisée par les lois au profit du département.

Article L. 3221-1

Le président du conseil général est ☐ le cercle, ☐ le chef, ☐ l'organe exécutif du département. Il prépare et ☐ assemble, ☐ exécute, ☐ recueille les délibérations du conseil général.
Loi n° 82-213 du 2 mars 1982.

Article L. 3222-2

Le président du conseil général est ☐ le bénéficiaire, ☐ l'instigateur, ☐ l'ordonnateur des dépenses du département, et prescrit ☐ la mise en œuvre, ☐ l'exécution, ☐ la suspension des dépenses départementales, sous réserve des dispositions particulières du Code général des impôts relatives au ☐ rétablissement, ☐ au recouvrement, ☐ au traitement des recettes fiscales des collectivités locales.

Article L.3221-3

Le président du conseil général est seul chargé de ☐ l'administration, ☐ l'aménagement, ☐ l'équipement. Il peut déléguer par arrêté, sous sa surveillance et sous sa responsabilité, l'exercice d'une partie de ses fonctions aux ☐ adjoints, ☐ administrateurs, ☐ vice-présidents, et en l'absence ou en cas d'empêchement de

ces derniers, à d'autres membres du conseil général. Ces ☐ dérogations, ☐ dispenses, ☐ délégations subsistent tant qu'elles ne sont pas rapportées.
Loi n° 82-213 du 2 mars 1982.

Il est le chef des ☐ organisateurs, ☐ secteurs, ☐ services du département. Il peut, sous sa surveillance et sa responsabilité, donner délégation de ☐ pouvoir, ☐ signature en toute matière aux responsables desdits services.

4. La région

La décentralisation régionale s'est réalisée en deux étapes. Il faut mentionner pour mémoire l'échec du référendum du 27 avril 1969 (le général de Gaulle aurait voulu faire de la région une collectivité territoriale, mais il se retira à la suite du NON au référendum).

En 1972 ont été institués les établissements publics régionaux (EPR). En 1982, les régions ont reçu par la loi le statut de collectivité territoriale.

A Questions*

1 De quand date le découpage actuel des régions ?

   □ De l'Ancien Régime   □ De la IVe République
   □ De la Révolution   □ Du début de la Ve
   □ Du Consulat   □ De 1981-1982
   □ De la IIIe République □ De 1993

2 Quelle est la superficie moyenne d'une région en métropole ?

   □ 2 500 km^2 □ 25 000   □ 50 000

3 Quelle est la plus petite de nos régions ?

   □ Alsace   □ Île-de-France
   □ Nord-Pas-de-Calais   □ Haute-Normandie
   □ Corse

4 Quelle est la plus grande de nos régions ?

   □ Aquitaine   □ Midi-Pyrénées   □ Centre
   □ Rhône-Alpes □ Provence-Alpes-Côte-d'Azur

* Les réponses et commentaires sont en p. 136.

Questions et exercices 67

5   Cochez les propositions exactes.
    - ☐ Les régions sont des collectivités territoriales.
    - ☐ Elles sont administrées par un conseil régional.
    - ☐ Ce conseil est composé par des délégations des conseils généraux des départements de la région.
    - ☐ La région peut passer des conventions avec l'État ou avec d'autres collectivités territoriales.

6   Qu'est-ce que le SGAR ?
    - ☐ Service Général des Affaires Régionales
    - ☐ Service de Gestion des Affaires Régionales
    - ☐ Secrétaire Général pour les Affaires Régionales
    - ☐ Secrétaire Général pour l'Administration de la Région

7   Quelles sont les attributions du conseil régional ?
    - ☐ Il règle par ses délibérations les affaires de la région.
    - ☐ Il vote le budget de la région.
    - ☐ Il tient la comptabilité de l'engagement des dépenses.
    - ☐ Il certifie, sous sa responsabilité, le caractère obligatoire des actes.

8   Quelles sont les missions de la région ?*
    - ☐ La tutelle sur les départements
    - ☐ Les études intéressant le développement régional
    - ☐ La participation volontaire au financement d'équipements collectifs présentant un intérêt régional direct
    - ☐ La participation au capital des sociétés de développement régional

9   Quelles sont les autorités concourant à l'administration de la région ?
    - ☐ Le préfet de région
    - ☐ Le président du conseil régional
    - ☐ Le comité économique et social
    - ☐ Le conseil régional
    - ☐ Le tribunal administratif

* Voir le chapitre 13, p. 108.

10 Les fonctions de président de conseil général et de président de conseil régional sont-elles compatibles ?

☐ Oui ☐ Non

11 Cochez les propositions exactes.

☐ Le représentant de l'État dans la région porte le titre de préfet commissaire de la République.
☐ Il a autorité sur le préfet du département où se trouve le chef-lieu de la région.
☐ Il est délégué du président de la République dans la région.
☐ Il dirige les relations internationales de la région.

12 Cochez les propositions exactes.

☐ Le nombre des membres du conseil économique et social régional est compris entre 40 et 110.
☐ Il vote le budget de la région.
☐ Il est consulté sur la préparation et l'exécution dans la région du plan de la nation, sur le projet de plan de la région.
☐ Nul ne peut être à la fois membre du conseil régional et membre du conseil économique et social régional.

13 Cochez les propositions exactes.

☐ La conférence administrative régionale est présidée par le préfet de région.
☐ Son secrétariat est assuré par le secrétaire général pour les affaires régionales.
☐ C'est une instance de consultation, de prospective et d'évaluation.
☐ Elle est consultée sur la préparation des contrats de plan entre l'État et la région.

14 Cochez les propositions exactes.

☐ Il a été créé dans chaque région une Chambre régionale des comptes.
☐ La Chambre régionale des comptes juge, dans son ressort, l'ensemble des comptes des comptables publics des collectivités territoriales et de leurs établissements publics.

- ☐ Elle statue sans appel.
- ☐ Elle concourt au contrôle budgétaire des collectivités territoriales et de leurs établissements publics.

15 Cochez les compétences des régions définies par la loi de 1983.

- ☐ Apprentissage
- ☐ Formation professionnelle continue
- ☐ Lycées
- ☐ Encouragement à la philatélie régionale
- ☐ Aide à la pêche côtière et aux entreprises de culture marine
- ☐ Ports fluviaux

16 Cochez les ressources des régions.

- ☐ Carte grise
- ☐ Taxes sur les tabacs
- ☐ Taxes additionnelles sur les permis de conduire et les droits de mutation
- ☐ Taxe de délocalisation
- ☐ Part régionale sur les impôts directs locaux

17 La Corse est-elle ?

- ☐ Une région de droit commun
- ☐ Une collectivité territoriale dotée d'un statut particulier
- ☐ Un territoire d'outre-mer

18 Quelle est la circonscription électorale pour les élections régionales ?

- ☐ La commune
- ☐ L'arrondissement
- ☐ Une circonscription spéciale
- ☐ Le canton
- ☐ Le département
- ☐ La région elle-même

19 Cochez les dates des élections régionales.

- ☐ 1972   ☐ 1978   ☐ 1982   ☐ 1986
- ☐ 1988   ☐ 1992   ☐ 1996   ☐ 1998

20 Cochez les bonnes propositions concernant le conseil économique et social régional.
- ☐ Il est élu au suffrage universel direct.
- ☐ Il comprend au moins 35 % de représentants des entreprises et activités professionnelles.
- ☐ Il comprend au moins 35 % de représentants des organisations syndicales de salariés représentatives au niveau national.
- ☐ Il comprend au moins 25 % de représentants des organismes qui participent à la vie collective de la région.
- ☐ Il comprend 25 % de personnalités qualifiées diverses.

21 Cochez les propositions exactes concernant la planification.
- ☐ Le conseil régional donne son avis pour l'élaboration du Plan national.
- ☐ Il élabore et approuve le Plan national.
- ☐ La loi du 29 juillet 1982 portant réforme de la planification nationale a établi le principe de contrats de Plan entre l'État et les régions.
- ☐ Le Plan national actuellement en vigueur est le XIIIe.

B Exercices sur les textes*

L'exercice consiste à cocher les mots ou expressions convenables dans les cases qui suivent. Vous devez ainsi retrouver les phrases exactes du Code général des collectivités territoriales.

Article L. 411-1

Les régions sont des ☐ administrations d'État, ☐ collectivités territoriales, ☐ établissements publics.
Loi n° 82-213 du 2 mars 1982.

Elles sont créées dans les ☐ circonscriptions académiques, ☐ limites territoriales, ☐ subdivisions financières précédemment reconnues aux établissements publics régionaux.
Loi n° 72-619 du 5 juillet 1972.

* Les réponses et commentaires sont en p. 138.

Article L. 4111-2

Les régions peuvent passer des ☐ accords diplomatiques, ☐ contrats de droit public, ☐ conventions avec l'État ou avec d'autres collectivités territoriales ou leurs groupements, pour mener avec eux des actions de leur ☐ administration, ☐ compétence, ☐ législation, ☐ réglementation.
Loi n° 82-213 du 2 mars 1982.

Article L. 4111-3

La création et l'organisation des régions ☐ dans la communauté européenne, ☐ en métropole et ☐ outre-mer ne portent atteinte ni ☐ à l'unité de la République ☐ ni à l'intégrité du territoire ☐ ni à l'harmonisation européenne.
Loi n° 82-213 du 2 mars 1982.

Article L. 4131-1

Les régions sont administrées par ☐ une assemblée territoriale, un conseil régional, ☐ un comité administratif élu au suffrage universel ☐ direct, ☐ indirect, ☐ restreint.
Loi n° 82-213 du 2 mars 1982.

Article L. 4131-2

Le conseil régional par ses ☐ avis, ☐ conseils, ☐ délibérations, le président du conseil régional par l'instruction des affaires et l'exécution des délibérations, le conseil économique et social régional par ses ☐ arrêtés, ☐ avis, ☐ décisions, ☐ délibérations concourent à l'administration de la région.

Article L. 4132-5

Le conseil régional a son siège à ☐ à l'administration, ☐ à l'ambassade, ☐ à l'hôtel ☐ au consulat de la région.

Article L. 4132-6

Le conseil régional établit ☐ son assemblée délibérante, ☐ son règlement intérieur, ☐ ses structures administratives dans le mois qui suit son renouvellement. Le règlement intérieur peut être déféré devant le ☐ ministre de l'Intérieur, ☐ le tribunal administratif.

Article L. 4132-8

Le conseil régional se réunit à l'initiative de son président, au moins une fois par ☐ semaine, ☐ mois, ☐ trimestre, ☐ an dans un lieu de la région choisi par la commission permanente, ☐ le ministre de l'Intérieur, ☐ le préfet.

Article L. 4211-1

La région a pour mission, dans le respect des attributions ☐ des arrondissements, ☐ des cantons, ☐ des départements et ☐ des communes, et, le cas échéant, en collaboration avec les collectivités et avec l'État, de contribuer au développement ☐ diplomatique, ☐ économique, ☐ social et ☐ culturel de la région par :
1° Toutes ☐ actions, ☐ études, ☐ obligations intéressant le développement régional.
2° Toutes propositions tendant à coordonner et à réaliser les choix des ☐ constructions, ☐ investissements, ☐ renouvellements à réaliser par les collectivités publiques.
3° La participation ☐ facultative, ☐ obligatoire, ☐ volontaire au financement d'équipements collectifs présentant un intérêt régional ☐ direct, ☐ indirect.
4° ☐ L'attraction, ☐ la réalisation, ☐ le report, ☐ le traitement d'équipements collectifs présentant un intérêt régional direct, ☐ avec l'accord ☐ et pour le compte ☐ de collectivités locales, ☐ de groupements de collectivités locales, ☐ d'autres établissements publics ☐ ou de l'État ☐ ainsi que des États limitrophes.
5° Toute participation à des dépenses de ☐ dédouanement, ☐ d'endettement, ☐ de fonctionnement ☐ de recouvrement liées à des opérations d'intérêt régional direct.

6° Toutes ☐ adjonctions, ☐ interventions, ☐ opérations dans le domaine économique... (... sous certaines conditions et limites).
7° L'attribution pour le compte ☐ du canton, ☐ du département, ☐ de l'État d'aides financières que celui-ci accorde aux investissements des entreprises concourant au développement régional et à l'emploi, dans des conditions prévues par décret.
Voir décret n° 95-149 du 6 février 1995 relatif à la prime d'aménagement du territoire.
8° La participation ☐ à l'aménagement, ☐ au capital, ☐ aux dettes des sociétés de développement régional et des sociétés de financement interrégionales ou propres à chaque région, existantes ou à créer, ainsi que des sociétés d'économie ☐ industrielle, ☐ mixte, ☐ rurale.

Article L. 4221-1

Le conseil régional règle par ses ☐ avis officiels, ☐ délibérations ☐ règlements les affaires de la région.
Il a compétence pour promouvoir le développement économique, social, sanitaire, culturel et scientifique de la région ☐ et l'aménagement de son territoire ☐ et l'amélioration de son image de marque ☐ et pour assurer la préservation de son identité, dans le respect de l'intégrité, de l'autonomie et des attributions des départements et des communes.
Il peut engager des actions ☐ complémentaires ☐ concurrentes de celles de l'État, des autres collectivités territoriales et des établissements publics situés dans la région, dans les domaines et les conditions fixés par les lois déterminant la répartition des compétences entre l'État, les communes, les départements et les régions.

Article L. 4231-1

Le président du conseil régional est l'organe ☐ administratif ☐ consultatif ☐ exécutif de la région.
Il ☐ assume ☐ prépare et ☐ exécute ☐ réglemente les délibérations du conseil régional.

Article L. 4231-2

Le président du conseil régional est ☐ le bénéficiaire ☐ le comptable ☐ l'ordonnateur ☐ le régulateur des dépenses de la région et prescrit l'exécution des recettes régionales, sous réserve des dispositions particulières du Code général des impôts relatives ☐ à l'endettement ☐ au recouvrement ☐ à la liquidation des recettes fiscales des collectivités locales.

Article L. 4231-3

Le président du conseil régional est seul chargé ☐ de l'administration ☐ de la consultation ☐ de la législation locale.
Il est ☐ le consultant ☐ le chef des services ☐ le tuteur de la région. Il peut, sous sa surveillance et sa responsabilité, donner délégation ☐ de pouvoir ☐ de signature en toute matière aux responsables desdits services.

5. L'arrondissement et le canton

Rappel indispensable : ce ne sont pas des collectivités territoriales, mais de simples circonscriptions administratives à l'intérieur du département. Il a paru cependant utile de vous en donner les principales caractéristiques.

A   Questions sur l'arrondissement*

1   De quand datent les arrondissements ?

- ☐ 1515
- ☐ 1661
- ☐ 1715
- ☐ 1789
- ☐ 1800
- ☐ 1848
- ☐ 1871

2   Qui est à la tête d'un arrondissement ?

- ☐ Un conseiller général
- ☐ Un sous-directeur
- ☐ Un directeur
- ☐ Un général
- ☐ Un sous-préfet
- ☐ Un préfet

3   Combien y a-t-il d'arrondissements ?

- ☐ 39
- ☐ 139
- ☐ 339
- ☐ 3 390

4   Combien y a-t-il de sous-préfectures ?

- ☐ 39
- ☐ 139
- ☐ 239
- ☐ 339
- ☐ 439
- ☐ 639

5   Combien de communes comporte en moyenne, un arrondissement ?

- ☐ Une demi-douzaine
- ☐ Une douzaine
- ☐ Une quinzaine
- ☐ Une vingtaine

* Les réponses et commentaires sont en p. 142.

© Éditions d'Organisation

☐ Une cinquantaine ☐ Une centaine
☐ Un millier ☐ La question n'est pas pertinente

6 Est-ce qu'un arrondissement peut comporter une seule commune ?

☐ Oui ☐ Non

7 Quelle est la population moyenne d'un arrondissement ?

☐ 15 000 habitants ☐ 25 000 ☐ 45 000
☐ 75 000 ☐ 175 000

8 Cochez les propositions exactes concernant les arrondissements.

☐ C'est une collectivité locale.
☐ C'est une personne morale.
☐ C'est une personne de droit privé.
☐ C'est une circonscription territoriale de l'administration.
☐ Un arrondissement peut acquérir des biens.
☐ Un arrondissement peut ester en justice.

B Questions sur le canton*

1 Cochez les bonnes cases concernant le canton.

☐ C'est une circonscription électorale.
☐ C'est le cadre dans lequel est élu un conseiller général.
☐ Il est le siège de divers services de l'État.

On y trouve souvent les services suivants :

☐ gendarmerie
☐ services fiscaux
☐ équipement (ponts et chaussées)

2 Quel est le nombre moyen de communes par canton ?

☐ 1 ☐ 10 ☐ 50
☐ 100 ☐ La question n'est pas pertinente

* Les réponses et commentaires sont en p. 143.

Questions et exercices

3 Est-ce que des cantons peuvent comporter une seule commune ?

    ☐ Oui   ☐ Non

4 Est-ce qu'une commune peut comporter plusieurs cantons ?

    ☐ Oui   ☐ Non

5 Quelle est la population moyenne d'un canton ?

    ☐ 150 habitants   ☐ 1500 habitants
    ☐ 15 000 habitants   ☐ 150 000 habitants

6. Les statuts particuliers

Ils vous faut connaître les statuts particuliers de Paris et l'Île-de-France, la Corse, les collectivités d'outre-mer.

A Paris et l'Île-de-France*

1 De quand date la loi qui a procédé à un nouvel aménagement de la région parisienne ?

- ☐ 1944
- ☐ 1954
- ☐ 1964
- ☐ 1974
- ☐ 1984
- ☐ 1994

2 Cochez sur cette liste les départements qui ont été supprimés.

- ☐ Seine
- ☐ Seine-Maritime
- ☐ Seine-et-Marne
- ☐ Seine-et-Oise

3 Sur cette liste des huit départements composant la région Île-de-France, marquez « p » ceux de la petite couronne et « g » ceux de la grande couronne.

- ☐ Essonne
- ☐ Hauts-de-Seine
- ☐ Paris
- ☐ Seine-et-Marne
- ☐ Seine-Saint-Denis
- ☐ Val-de-Marne
- ☐ Val-d'Oise
- ☐ Yvelines

4 Cochez les éléments du statut de Paris.

- ☐ Commune
- ☐ Département
- ☐ Collectivité territoriale à statut particulier

---

* Les réponses et commentaires sont en p. 144.

Questions et exercices 79

5 Le maire de Paris exerce-t-il les pouvoirs de police habituellement dévolus aux maires ?

   ☐ Oui   ☐ Non

6 Cochez le ou les budgets en vigueur à Paris.

   ☐ Budget communal   ☐ Budget départemental
   ☐ Budgets annexes   ☐ Budget spécial pour la police

7 Quel est le nom du conseil municipal de Paris ?

   ☐ Conseil municipal   ☐ Conseil de Paris
   ☐ Conseil des arrondissements ☐ Conseil général de Paris

8 Cochez la ou les instances existant au niveau des arrondissements.

   ☐ Conseil d'arrondissement
   ☐ Conseil municipal d'arrondissement
   ☐ Comité d'arrondissement
   ☐ Commission d'arrondissement

9 Les maires d'arrondissement sont-ils élus ou nommés ?

   ☐ Élus   ☐ Nommés

10 De quand date la « loi PLM » ?

   ☐ 1942   ☐ 1952   ☐ 1962
   ☐ 1972   ☐ 1982   ☐ 1992

│ B │ La Corse*

1 Quel est le nom exact de la collectivité territoriale formée par la Corse ?

   ☐ Région Corse
   ☐ Départements de Corse
   ☐ Collectivité territoriale de Corse

* Les réponses et commentaires sont en p. 145.

2 Quelle est l'institution républicaine supérieure en Corse ?

☐ Conseil régional
☐ Conseil économique et social
☐ Assemblée territoriale
☐ Assemblée de Corse

3 La notion de « peuple corse » est-elle devenue officielle ?

☐ Oui ☐ Non

4 Existe-t-il en Corse un organe exécutif collégial ?

☐ Oui ☐ Non

C Les collectivités d'outre-mer*

Les collectivités d'outre-mer font l'objet de deux articles particuliers de la Constitution.

Article 73 : le régime législatif et l'organisation administrative des départements d'outre-mer peuvent faire l'objet de mesures d'adaptation nécessitées par leur situation particulière.

Article 74 : les territoires d'outre-mer de la République ont une organisation particulière tenant compte de leurs intérêts propres dans l'ensemble des intérêts de la République.

1 Existe-t-il un ministre spécialement chargé de l'outre-mer ?

☐ Oui ☐ Non

2 Les préfets des départements d'outre-mer ont-il plus ou moins de pouvoirs que ceux de la métropole ?

☐ Plus ☐ Moins

---

* Les réponses et commentaires sont en p. 146.

Questions et exercices

3 Quelle est la particularité principale des départements d'outre-mer ?
   - ☐ Ils sont regroupés en régions autonomes.
   - ☐ Chacun d'eux constitue une région.
   - ☐ Un calendrier est prévu pour leur accession à l'indépendance.
   - ☐ Ils peuvent se fédérer avec les petits pays étrangers voisins.

4 Est-ce qu'un gouvernement particulier existe dans les territoires d'outre-mer ?
   - ☐ Oui   ☐ Non

5 Quel est le nom du représentant de l'État dans les territoires d'outre-mer?
   - ☐ Il n'y en a pas
   - ☐ Le préfet
   - ☐ L'ambassadeur
   - ☐ Le haut-commissaire
   - ☐ Le conseiller spécial

6 Quels sont les deux principaux partis politiques de la Nouvelle-Calédonie?
   - ☐ ABCD
   - ☐ PMU
   - ☐ SGDG
   - ☐ PCPS
   - ☐ FNLKS
   - ☐ RPCR
   - ☐ TNCBG

7 Existe-t-il des « provinces » en Nouvelle-Calédonie ?
   - ☐ Oui   ☐ Non

8 Existe-t-il un territoire d'outre-mer sur le continent antarctique ?
   - ☐ Oui   ☐ Non

9 Est-ce que Mayotte est un territoire d'outre-mer ?
   - ☐ Oui   ☐ Non

10 Trouvez parmi ces îles une collectivité à statut particulier.
   - ☐ Amsterdam
   - ☐ Saint-Paul
   - ☐ Crozet
   - ☐ Saint-Pierre-et-Miquelon
   - ☐ Kerguelen

© Éditions d'Organisation

7. Les élections*

1. Cochez les bonnes cases pour les élections municipales, cantonales et régionales (marquez m, c, r).

   Le suffrage est :

   ☐ direct   ☐ indirect   ☐ proportionnel
   ☐ universel   ☐ censitaire   ☐ secret
   ☐ égal   ☐ public

2. Cochez les bonnes cases pour rétablir une phrase complète.

   Sont ☐ candidats ☐ citoyens ☐ électeurs les Françaises et Français âgés de ☐ seize ☐ dix-huit ☐ vingt-et-un ☐ vint-cinq ans accomplis, jouissant de leurs droits ☐ civils ☐ électoraux ☐ administratifs ☐ pénaux et ☐ économiques ☐ politiques ☐ sociaux et n'étant dans aucun cas ☐ d'incompétence ☐ d'incompatibilité ☐ d'incapacité ☐ de responsabilité prévu par ☐ la Constitution ☐ la loi ☐ les règlements.

3. L'inscription sur les listes électorales est :

   ☐ automatique   ☐ facultative   ☐ obligatoire

   Est-ce qu'une même personne peut être inscrite sur plusieurs listes électorales ?

   ☐ Oui   ☐ Non

4. Quelles sont les conditions requises pour être inscrit sur les listes électorales ?
   Sont inscrits sur la liste électorale, sur leur demande tous les électeurs qui ont leur domicile réel dans la commune ou y habitent depuis six mois au moins.

   ☐ Vrai   ☐ Faux

* Les réponses et commentaires sont en p. 148.

Questions et exercices

5 Les Français établis hors de France sont-ils admis à voter ?

☐ Oui ☐ Non

6 Les militaires des armées de terre, de mer et de l'air sont électeurs dans les mêmes conditions que les autres citoyens.

☐ Vrai ☐ Faux

7 Les listes électorales sont-elles permanentes ?

☐ Oui ☐ Non

Quel est leur rythme de révision ?

☐ Hebdomadaire ☐ Mensuel ☐ Trimestriel
☐ Semestriel ☐ Annuel ☐ Triennal
☐ Quinquennal

8 L'accès aux listes électorales pour information est-il libre ?

☐ Oui ☐ Non

Est-il possible d'en prendre copie ?

☐ Oui ☐ Non

9 Existe-t-il un fichier général des électeurs ?

☐ Oui ☐ Non

Est-ce que l'INSEE intervient dans le domaine électoral ?

☐ Oui ☐ Non

Qui a autorité pour faire procéder aux révisions des listes électorales ?

☐ Personne en particulier
☐ Le préfet
☐ Le président de la Cour d'appel
☐ Le président du tribunal de grande Instance
☐ Le président du tribunal administratif

© Éditions d'Organisation

- ☐ Le commissaire de police
- ☐ Le président du conseil général
- ☐ Le maire
- ☐ Le conseil municipal

10 Est-ce qu'une carte électorale est délivrée à chaque électeur ?

☐ Oui ☐ Non

Quelles sont les indications figurant sur les cartes électorales ?

- ☐ Noms et prénoms des électeurs
- ☐ Domicile ou résidence
- ☐ Date et lieu de naissance
- ☐ Numéro d'inscription sur la liste électorale
- ☐ Indication du lieu du bureau de vote où doit se présenter l'électeur
- ☐ Indication de sa participation aux élections précédentes
- ☐ Indication de son appartenance à un parti politique
- ☐ Indication de son appartenance à une association politique
- ☐ Indication de son appartenance à des associations sociales, culturelles ou sportives
- ☐ Indication de ses diplômes
- ☐ Indication de son emploi (ou des emplois antérieurs)
- ☐ Indication de ses revenus
- ☐ Indication des impôts qu'il a payés l'année précédente

11 Combien des fonctions ci-après peuvent être cumulées par un même élu ?

- ☐ Conseiller général
- ☐ Conseiller régional
- ☐ Conseiller de Paris
- ☐ Maire d'une commune de plus de 20 000 habitants
- ☐ Adjoint au maire d'une commune de plus de 100 000 habitants
- ☐ Représentant au Parlement européen

☐ 1   ☐ 2   ☐ 3   ☐ 4
☐ 5   ☐ 6   ☐ toutes

12 Retrouvez les dates des grandes lois sur la liberté de réunion

☐ 1801 ☐ 1871 ☐ 1881
☐ 1907 ☐ 1917 ☐ 1937

Les réunions publiques sont-elles libres ?

☐ Oui ☐ Non

Sont-elles soumises à autorisation préalable ?

☐ Oui ☐ Non

◆ **Opérations de vote**

13 Quelle est la durée légale du scrutin ?

☐ Deux heures ☐ Quatre heures ☐ Huit heures
☐ Un seul jour ☐ Deux jours ☐ Trois jours
☐ Une semaine

Quand a lieu le deuxième tour de scrutin ?

☐ Le lendemain du premier tour
☐ Dans la semaine suivant le premier tour
☐ Le dimanche suivant le premier tour
☐ À quinze jours d'intervalle
☐ À trois semaines d'intervalle
☐ À un mois d'intervalle

14 Existe-t-il en France des machines à voter comme aux États-Unis d'Amérique ?

☐ Oui ☐ Non

15 L'urne électorale est-elle transparente ?

☐ Oui ☐ Non

16 Qui préside le bureau de vote ?

☐ Le préfet (ou son représentant)
☐ Le maire

- ☐ Le secrétaire de mairie
- ☐ Un officier de la Légion d'honneur
- ☐ Un fonctionnaire spécialement nommé à cet effet
- ☐ Un électeur tiré au sort

17 Est-il permis de discuter à l'intérieur du bureau de vote ?

☐ Oui ☐ Non

18 Qui a le pouvoir de police au sein du bureau de vote ?

- ☐ Le préfet
- ☐ Le maire
- ☐ Le commissaire de police
- ☐ Le garde champêtre
- ☐ Le président du bureau de vote

19 Est-il possible de voter par procuration ?

☐ Oui ☐ Non

Est-il possible de voter par correspondance ?

☐ Oui ☐ Non

20 Qui préside la commission de contrôle des opérations de vote ?

- ☐ Le préfet
- ☐ Le président du conseil général
- ☐ Le maire
- ☐ Le président du tribunal administratif
- ☐ Un magistrat de l'ordre judiciaire

8. Les finances locales *

1. Les collectivités locales peuvent :
   - ☐ Instituer des impôts pour financer leur budget.
   - ☐ Fixer les taux de certains impôts dont le produit leur revient.
   - ☐ Recevoir des dotations budgétaires prélevées sur les recettes de l'État.

2. Les impôts locaux représentaient en 2000 :
   - ☐ 4,4 % du produit intérieur brut.
   - ☐ 6,5 % du produit intérieur brut.
   - ☐ 10,5 % du produit intérieur brut.
   - ☐ 15 % du produit intérieur brut.

3. À quelle date la patente a-t-elle été remplacée par la taxe professionnelle ?
   - ☐ En 1959 (ordonnance du 7 janvier)
   - ☐ En 1973 (loi du 31 décembre)
   - ☐ En 1975 (loi du 29 juillet)
   - ☐ En 1980 (loi du 10 janvier)

4. Quelle est la taxe parmi les impôts directs des collectivités locales qui rapporte le plus à celles-ci ?
   - ☐ La taxe foncière sur les propriétés non bâties
   - ☐ La taxe foncière sur les propriétés bâties
   - ☐ La taxe professionnelle
   - ☐ La taxe d'habitation

5. Indiquez parmi les impôts suivants ceux dont le produit revient aux collectivités locales.
   - ☐ Taxe foncière sur les propriétés bâties
   - ☐ Taxe sur les salaires

* Les réponses et commentaires sont en p. 157. Ce chapitre devra être complété par les financements des transferts de charges opérés par la loi du 13 août 2004.

☐ Taxe professionnelle
☐ Redevance de l'audiovisuel

6 Indiquez les taxes perçues au profit des régions parmi les taxes suivantes :

☐ taxe sur les permis de conduire
☐ taxe additionnelle aux droits de mutation sur les biens immobiliers
☐ taxe locale d'équipement
☐ taxe départementale d'espaces verts

7 La taxe d'habitation, contribution locale, est payée :

☐ à la mairie.
☐ au centre des impôts.
☐ à la perception.

8 La dotation globale de fonctionnement est :

☐ la partie dépenses du budget d'une commune.
☐ le versement au profit de l'État de la compensation des frais engagés pour percevoir les impôts locaux.
☐ une subvention de l'État versée chaque année aux communes et départements.

9 Qu'est-ce que le « pacte de stabilité financière » ?

☐ Les engagements pris par l'État lors de l'entrée dans l'euro.
☐ La nécessité pour les collectivités locales de ne pas présenter des budgets en déséquilibre.
☐ La règle qui veut que l'ensemble des principales dotations de l'État aux collectivités locales n'évolue pas plus vite que les prix.

10 Une collectivité locale peut-elle faire encaisser ses recettes et tenir ses comptes par une banque ?

☐ Oui   ☐ Non

11 Une collectivité locale peut-elle emprunter auprès d'une banque ?

　　☐ Oui　　　　　　☐ Non

12 Le Crédit local de France (CLF) est-il :
   - ☐ l'équivalent du « mont-de-piété ».
   - ☐ un établissement public qui subventionne les opérations d'urbanisme.
   - ☐ une société privatisée, cotée en bourse, qui est le principal prêteur des collectivités locales.

13 Qu'est-ce que le mode d'exploitation d'un service public local en régie directe ?
   - ☐ La gestion par la collectivité sans personne morale distincte avec les dépenses et recettes directement enregistrées au budget de la collectivité.
   - ☐ Le transfert de la gestion à un opérateur privé en contrepartie d'une redevance indexée sur le chiffre d'affaires.
   - ☐ Un service doté de la personnalité morale et de l'autonomie financière.

14 La concession du service public par une collectivité locale est :
   - ☐ Le fait de confier l'exploitation du service à une personne privée rémunérée par la collectivité dans des conditions définies par un contrat.
   - ☐ Un contrat par lequel une personne publique confie à une personne privée ou publique l'exploitation d'un service public. Le concessionnaire est rémunéré par ses résultats.
   - ☐ L'exploitation par une entreprise d'installations communales avec une rémunération par une partie des redevances.

15 Le budget d'une collectivité locale est :
   - ☐ présenté comme le budget de l'État.
   - ☐ présenté comme le budget d'une entreprise privée.
   - ☐ présenté en deux sections, la section de fonctionnement et la section d'investissement.

16 La dotation globale d'équipement est versée :

- ☐ à la section d'investissement.
- ☐ à la section de fonctionnement.
- ☐ à un compte annexe.
- ☐ à un compte de tiers.

17 Le maire est-il ordonnateur ou comptable du budget de la commune ?

- ☐ Ordonnateur.   ☐ Comptable.

18 Pour devenir exécutoire de plein droit, le budget des collectivités territoriales doit :

- ☐ être voté par le conseil municipal.
- ☐ être transmis au préfet dans les quinze jours.
- ☐ être approuvé par la chambre régionale des comptes.

19 Les chambres régionales des comptes :

- ☐ sont formées d'experts-comptables.
- ☐ sont présidées par le préfet.
- ☐ sont des juridictions présidées par un conseiller maître à la Cour des comptes.

20 Le comptable du Trésor public qui tient les comptes d'une collectivité locale peut :

- ☐ inscrire d'office une dépense obligatoire au budget.
- ☐ rejeter un budget qui n'est pas en équilibre.
- ☐ contrôler la régularité des titres de perception des recettes et des mandats à payer.

21 La taxe d'habitation est perçue au profit :

- ☐ des communes.
- ☐ des départements.
- ☐ des régions.

9. La fonction publique territoriale *

1. Combien de personnes compte la fonction publique territoriale ?

   ☐ 120 000 ☐ 600 000
   ☐ 1 400 000 ☐ 2 000 000

2. Quel est le nombre de recrutements annuels des collectivités territoriales ?

   ☐ 7 000 ☐ 10 000
   ☐ 16 000 ☐ 28 000

3. Indiquez parmi les tâches ci-dessous celles qui peuvent relever des personnels communaux.

   ☐ État civil ☐ Bibliothèque
   ☐ Impôts ☐ Entretien de la voirie
   ☐ Enseignement dans les lycées

4. Combien de personnes travaillent dans les services des départements représentés par les conseils généraux ?

   ☐ 18 500 ☐ 60 000
   ☐ 100 000 ☐ 200 000

5. Qu'est-ce qu'un Centre communal d'action sociale (CCAS) ?

   ☐ Un parti politique
   ☐ Un organisme qui gère des aides aux personnes âgées et aux défavorisés
   ☐ Un lieu de rencontre pour activités associatives
   ☐ Un bureau de Sécurité sociale.

---

* Les réponses et commentaires sont en p. 160. Voir les évolutions exposées au chapitre 13.

6 Qu'est-ce qu'une filière dans la fonction publique territoriale ?

- ☐ Un concours
- ☐ Une échelle de rémunération
- ☐ Le regroupement de types de métiers

7 Combien existe-t-il de métiers dans la fonction publique territoriale ?

- ☐ 4
- ☐ 372
- ☐ 250
- ☐ 80

8 Qu'est-ce qu'un cadre d'emploi dans la fonction publique territoriale ?

- ☐ Un fonctionnaire de catégorie A
- ☐ Une personne chargée du recrutement
- ☐ Un groupe de métiers pour lesquels existe un concours particulier

9 Les titulaires de la fonction publique territoriale ont-ils le droit de grève ?

- ☐ Oui
- ☐ Non

10 Combien y a-t-il de fonctionnaires communaux ?

- ☐ 150 000
- ☐ 600 000
- ☐ 1 050 000
- ☐ 270 000
- ☐ 860 000

11 Les lauréats des concours de la fonction publique territoriale sont-ils :

- ☐ affectés d'office à une collectivité.
- ☐ inscrits sur une liste d'aptitude sur laquelle l'autorité territoriale choisit librement.
- ☐ affectés en fonction de leurs choix en tenant compte de l'âge et des charges de famille.

12 Combien y a-t-il de non titulaires (vacataires ou agents contractuels) dans les collectivités territoriales ?

☐ 60 000 ☐ 120 000
☐ 180 000 ☐ 360 000

13 Combien y a-t-il en moyenne de candidats pour un poste de la fonction publique territoriale ?

☐ 2 ☐ 4 ☐ 6 ☐ 12 ☐ 15

14 Dans quelle région se trouve la plus forte concentration de fonctionnaires territoriaux ?

☐ P.A.C.A. ☐ Rhône-Alpes
☐ Aquitaine ☐ Nord
☐ Île-de-France

15 Qu'est-ce que le CNFPT (Centre national de la fonction publique territoriale) ?

☐ Un établissement public qui définit le recrutement, la formation et gère les fonctionnaires territoriaux privés d'emploi.
☐ Un établissement auquel doivent être affiliées obligatoirement les communes et auquel elles sous-traitent des tâches de gestion de leur personnel.
☐ Un bureau d'information.

16 Qui assure le fonctionnement des commissions administratives paritaires pour les fonctionnaires territoriaux qui servent dans des petites communes ?

☐ Le CNFPT
☐ Les délégations départementales du CNFPT
☐ Les CDG (centres de gestion)

17 Quelle est la filière qui emploie le plus de fonctionnaires territoriaux ?

☐ Technique ☐ Administrative
☐ Sanitaire et sociale ☐ Culturelle
☐ Sportive et animation

18 Qui s'occupe dans la filière technique de contrôler les travaux confiés aux entreprises ?

- ☐ Les ingénieurs territoriaux
- ☐ Les techniciens territoriaux
- ☐ Les contrôleurs territoriaux

19 Dans la filière administrative, qui peut occuper un poste de secrétaire général dans une commune de plus de 40 000 habitants ?

- ☐ L'attaché territorial
- ☐ Le rédacteur
- ☐ L'administrateur territorial
- ☐ Le secrétaire de mairie

20 Dans la filière culturelle, quels sont parmi les cadres d'emploi ci-après ceux qui relèvent de la catégorie B ?

- ☐ Conservateur territorial de bibliothèque
- ☐ Assistant territorial de conservation du patrimoine
- ☐ Professeur d'enseignement artistique

21 Dans la filière sanitaire et sociale, quels sont les cadres territoriaux de catégorie A pour les cadres d'emploi suivant ?

- ☐ Sages-femmes
- ☐ Assistants sociaux éducatifs
- ☐ Infirmières
- ☐ Éducateurs territoriaux

22 Dans la filière sécurité incendie, existe-t-il des sapeurs-pompiers volontaires, rémunérés à l'heure en plus de leur profession principale ?

- ☐ Oui
- ☐ Non

23 Dans la filière sportive, quel est le cadre d'emploi le plus nombreux ?

- ☐ Le conseiller sportif territorial
- ☐ L'éducateur des activités physiques et sportives

24 Quel est la filière la plus récente ?

- ☐ Technique
- ☐ Culturelle
- ☐ Sécurité incendie
- ☐ Animation
- ☐ Administrative
- ☐ Sanitaire et sociale
- ☐ Sportive

Questions et exercices

25 Quels sont les concours ayant lieu tous les ans qui offrent un nombre de postes important ?

- ☐ Conservateur de patrimoine
- ☐ Directeur d'établissement artistique
- ☐ Attachés territoriaux
- ☐ Psychologues territoriaux
- ☐ Médecins
- ☐ Lieutenants des sapeurs-pompiers
- ☐ Ingénieurs subdivisionnaires

26 Quelle est la filière qui offre le plus d'emplois chaque année en catégorie A ?

- ☐ Administrative
- ☐ Sportive
- ☐ Médico-sociale
- ☐ Autres
- ☐ Technique
- ☐ Culturelle
- ☐ Sapeurs-pompiers

27 Combien existe-t-il d'écoles nationales d'application des cadres territoriaux ?

☐ 1 ☐ 2 ☐ 3 ☐ 5 ☐ 21

28 Les cadres de la fonction publique territoriale peuvent-ils bénéficier d'une mobilité entre les collectivités ?

☐ Oui ☐ Non

29 Le lauréat d'un concours inscrit sur la liste d'aptitude doit-il attendre d'être contacté par une collectivité ?

☐ Oui ☐ Non

30 Peut-on passer de la fonction publique territoriale à la fonction publique d'État ?

☐ Oui ☐ Non

10. Éléments d'histoire communale *

L'histoire des communes françaises commence dès le Moyen Âge. Elle est dominée par deux problèmes : celui du choix entre l'uniformité ou la diversité des statuts, et celui de l'autonomie par rapport au pouvoir central.

1 Qu'est-ce qui caractérisait l'Ancien Régime ?

- ☐ Une uniformité remontant à l'époque de l'empereur Charlemagne.
- ☐ Un régime uniforme encore plus strict décrété par le roi Philippe le Bel.
- ☐ Une grande diversité dans l'organisation des communautés d'habitants.

2 Quel était, au Moyen Âge et sous l'Ancien Régime, le nom de l'entité communale dans le monde rural ?

- ☐ Commune affranchie
- ☐ Commune libre
- ☐ Commune rurale
- ☐ Paroisse

3 Quel était le nom des élus municipaux dans les villes ?

- ☐ Bourgeois
- ☐ Conseillers municipaux
- ☐ Échevins
- ☐ Marmitons
- ☐ Magistrats

4 Marquer R pour l'œuvre de la Révolution et B pour celle de Bonaparte.

- ☐ Centralisation totale
- ☐ Décentralisation complète
- ☐ Élection de tous les organes (corps municipal et maire)

* Les réponses et commentaires sont en p. 163.

☐ Maire et conseil municipal nommés
☐ Tutelle très stricte par le préfet

5 Sous quel régime a été établie définitivement l'élection des conseils municipaux ?

☐ Premier Empire   ☐ Restauration
☐ Monarchie de Juillet   ☐ Deuxième République
☐ Second Empire   ☐ Troisième République
☐ Quatrième République

6 Retrouvez les grandes lois de la IIIe République en reliant d'un trait un intitulé à une date.

☐ Organisation municipale
☐ Liberté de la presse
☐ Réunions publiques
☐ Enseignement primaire gratuit, laïque et obligatoire
☐ Séparation de l'Église et de l'État

☐ 30 juin 1881
☐ 29 juillet 1881
☐ 28 mars 1882
☐ 5 avril 1884
☐ 9 décembre 1905

7 De quelle décennie date le principe de l'élection du conseil général et du conseil municipal ?

☐ 1800   ☐ 1810   ☐ 1820   ☐ 1830
☐ 1840   ☐ 1850   ☐ 1870   ☐ 1880

8 Retrouvez la date de la grande loi de la IIIe République sur le département et celle de la grande loi sur la commune.

☐ 1871   ☐ 1881   ☐ 1891
☐ 1901   ☐ 1874   ☐ 1884
☐ 1894   ☐ 1904   ☐ 1914

9 De quand date la grande loi qui est considérée comme le fondement de la décentralisation dans notre pays ?

☐ 1962   ☐ 1972   ☐ 1982   ☐ 1992

10 Retrouvez la date de la loi sur la répartition des compétences entre les communes, les départements, les régions et l'État.

☐ 1981   ☐ 1982   ☐ 1983
☐ 1984   ☐ 1985   ☐ 1986

Questions et exercices

11. L'intercommunalité*

1. Dans la liste des EPCI qui suit, rayez ceux que la loi du 12 juillet 1999 sur l'intercommunalité a supprimé et soulignez ceux qu'elle a crée :

    - ☐ Les communautés de communes
    - ☐ Les Districts
    - ☐ Les syndicats d'agglomération nouvelle
    - ☐ Les communautés d'agglomération
    - ☐ Les communautés de ville
    - ☐ Les syndicats
    - ☐ Les communautés urbaines

2. Quels sont les seuils en nombre d'habitants nécessaires pour créer une communauté d'agglomération ?

    - ☐ 100 000 habitants
    - ☐ 50 000 habitants
    - ☐ 15 000 habitants au centre
    - ☐ Un chef lieu de département
    - ☐ 75 000 habitants

3. Quelles sont les compétences obligatoires des communautés d'agglomération ?

    - ☐ Assainissement
    - ☐ Développement économique
    - ☐ Aménagement de l'espace communautaire
    - ☐ Aide sociale
    - ☐ Politique de la ville
    - ☐ Équilibre social de l'habitat
    - ☐ Eau
    - ☐ Équipements culturels et sportifs
    - ☐ Création de voirie et de parcs de stationnement
    - ☐ Protection de l'environnement et du cadre de vie

* Les réponses et commentaires sont en p. 165.

© Éditions d'Organisation

4 Qui peut prendre l'initiative de demander la création d'une communauté d'agglomération ?

☐ Un député ☐ Le préfet
☐ Un Maire ☐ Le sénateur
☐ Un conseil municipal

5 Une communauté urbaine est définie par :

☐ un territoire de plus de 3 kilomètres de diamètre de surface bâtie.
☐ un ensemble d'au moins 15 communes.
☐ un ensemble de 250 000 habitants d'un seul tenant et sans enclaves avec un centre de 50 000 habitants.
☐ un regroupement de plusieurs communes d'un seul tenant et sans enclaves de plus de 500 000 habitants.

6 Le nombre de sièges au conseil de la communauté urbaine est fixé :

☐ par le préfet.
☐ par accord amiable de l'ensemble des conseils municipaux des communes intéressées.
☐ en fonction d'un barème croisant le nombre de communes et le nombre d'habitants.
☐ selon la règle de deux sièges par communes.

7 Une communauté de commune se définit par :

☐ une réunion d'au moins dix communes.
☐ une zone de 5 000 habitants.
☐ plusieurs communes d'un seul tenant et sans enclaves.
☐ l'association de toutes les communes d'un département.

8 À quelles conditions une commune peut-elle se retirer de la communauté de communes ?

☐ Par un vote de son conseil municipal.
☐ Par un arrêté du Préfet après référendum communal.

Questions et exercices 101

- ☐ Par le Préfet, après avis de la commission départementale de coopération intercommunale, pour adhérer à un autre EPCI à fiscalité propre dont le conseil communautaire a accepté la demande d'adhésion.
- ☐ Avec le consentement de l'organe délibérant de l'EPCI et à condition que plus du tiers des conseils municipaux des communes ne s'y opposent pas.

9   La dissolution d'une communauté de communes peut intervenir :
- ☐ de plein droit à l'expiration de la durée fixée dans la décision institutive.
- ☐ par le consentement de tous les conseils municipaux intéressés.
- ☐ par arrêté du représentant de l'État sur demande motivée de la majorité des conseils municipaux.
- ☐ d'office par un décret rendu sur l'avis conforme du Conseil général et du conseil d'État.

10 Qui peut faire partie du conseil délibérant d'une communauté urbaine, d'une communauté d'agglomération ou de communes ?
- ☐ Un citoyen remplissant les conditions pour être conseiller municipal.
- ☐ Un agent technique de la communauté.
- ☐ Le comptable du trésor public qui tient le compte de l'EPCI.
- ☐ Un conseiller municipal d'une commune membre, élu dans son conseil, au scrutin secret et à la majorité absolue.
- ☐ Le maire et le premier adjoint d'une commune membre.
- ☐ Un conseiller général du canton couvert par la commune.

11 Un EPCI peut étendre son périmètre postérieurement à sa création, sur demande du conseil municipal de la commune candidate :
- ☐ avec l'accord de son organe délibérant à la majorité des deux tiers.
- ☐ avec l'accord de son organe délibérant à la majorité absolue.
- ☐ avec l'accord de son organe délibérant sous réserve de l'absence d'opposition de plus du tiers de conseils municipaux des communes membres.
- ☐ avec l'accord de la totalité des conseils municipaux des communes membres.

© Éditions d'Organisation

12 La commission départementale de coopération intercommunale est consultée sur :

- ☐ tout projet de création d'un EPCI à l'initiative du Préfet.
- ☐ toute demande de retrait d'un syndicat d'une commune qui souhaite adhérer à un EPCI à fiscalité propre, lorsque le syndicat s'y oppose.
- ☐ toute demande de communication des procès verbaux des assemblées délibérantes des EPCI formulée par un habitant.

13 Une communauté urbaine peut percevoir comme ressource fiscale :

- ☐ la taxe professionnelle unique, sauf délibération contraire de la moitié des conseils municipaux des communes membres.
- ☐ la taxe additionnelle au droit de bail.
- ☐ une partie de la taxe d'importation des produits pétroliers.
- ☐ une fiscalité additionnelle à la taxe d'habitation et aux taxes foncières.

14 Les communautés de communes qui ont créé une zone d'activité économique, n'assurent pas la collecte des déchets et peuvent percevoir comme ressource fiscale :

- ☐ la taxe d'enlèvement des ordures ménagères.
- ☐ la taxe professionnelle de zone.
- ☐ la totalité des taxes foncières.
- ☐ la taxe sur les chiens.

15 La première année, le taux communautaire de la taxe professionnelle unique est limité à :

- ☐ la valeur du taux de la commune la plus importante.
- ☐ la valeur du taux moyen national.
- ☐ la valeur du taux moyen des communes membres.
- ☐ la valeur du taux moyen des communes membres pondéré par l'importance relative des bases de la taxe professionnelle de ces communes.

16 Le prélèvement au profit du fonds départemental de péréquation de la taxe professionnelle est opéré dans un EPCI soumis au régime de la taxe professionnelle unique si :

- ☐ les bases d'un établissement divisé par le nombre d'habitants de la commune excède deux fois la moyenne nationale des bases de taxe professionnelle par habitant.
- ☐ la cotisation d'un établissement consitue à elle seule une ressource de plus du tiers des recettes totales de taxe professionnelle du ressort de l'EPCI.
- ☐ les bases d'un établissement divisés par le nombre d'établissements dans la zone couverte dépasse la moyenne nationale par établissement.

17 Les ressources du FDTP sont réparties par :

- ☐ la réunion des Maires du département.
- ☐ le président du conseil général.
- ☐ le préfet.
- ☐ le conseil général.
- ☐ une commission interdépartementale réunie à l'initiative d'un conseil général.

18 Le fonds de solidarité des communes de la région île de France est alimenté par un prélèvement qui joue lorsque les bases d'imposition à la taxe professionnelle par habitant dépassent :

- ☐ 2 fois la moyenne nationale.
- ☐ 2,5 fois la moyenne nationale.
- ☐ 3 fois la moyenne nationale.
- ☐ 3,5 fois la moyenne nationale.

19 Combien y a-t-il de communautés de communes au 1er janvier 2002 :

- ☐ 123
- ☐ 456
- ☐ 600
- ☐ 1802
- ☐ 2033
- ☐ 2456

20 Combien y a-t-il de communautés d'agglomération au 1er janvier 2002 :

☐ 45 ☐ 120
☐ 97 ☐ 213

21 Combien y a-t-il de communautés urbaines au 1er janvier 2002 :

☐ 8 ☐ 52
☐ 14 ☐ 130
☐ 23

Questions et exercices

12. Le développement de la décentralisation*

Divers nouveaux textes, dont la loi Constitutionnelle du 28 mars 2003, relative à « l'organisation décentralisée de la République » élargissent les compétences et l'autonomie des collectivités locales.

1. La loi Constitutionnelle du 28 mars sur l'organisation décentralisée de la République a été adoptée par :

    ☐ un vote du congrès réuni à Versailles.
    ☐ un référendum national.

2. La loi Constitutionnelle du 28 mars crée un article 37-1 de la Constitution pour :

    ☐ préciser les pouvoirs du Sénat sur les textes relatifs aux collectivités territoriales.
    ☐ définir les ressources des collectivités territoriales.
    ☐ introduire la possibilité de dispositions législatives ou réglementaires à caractère expérimental.

3. Désormais, pour les projets de loi ayant pour objet principal l'organisation des collectivités territoriales :

    ☐ le Sénat est seul compétent.
    ☐ le Sénat est saisi en premier.
    ☐ le Sénat doit se prononcer à la majorité qualifiée.

4. La révision constitutionnelle permet-elle de créer une collectivité territoriale en lieu et place des collectivités existantes ?

    ☐ Oui   ☐ Non

---

* Les réponses et commentaires sont en p. 169.

5   Quel est l'objet du nouvel article 72-1 créé par la révision constitutionnelle :
    - ☐ préciser le statut de la Corse.
    - ☐ prévoir la possibilité de référendums locaux.
    - ☐ reconnaître au sein du peuple français les populations d'outre-mer.

6   Le nouvel article 72-2 inséré dans la Constitution a pour objet de définir les conditions financières de l'autonomie des collectivités territoriales. Indiquez si les propositions suivantes sont vraies ou fausses :

    – Les recettes fiscales doivent représenter les deux tiers des ressources des collectivités territoriales :

    ☐ Vrai   ☐ Faux

    – Les nouvelles compétences transférées de l'État doivent s'accompagner de l'attribution de ressources équivalentes à celles qui étaient consacrées à leur exercice :

    ☐ Vrai   ☐ Faux

    – L'autonomie des collectivités territoriales interdit la péréquation de leurs ressources :

    ☐ Vrai   ☐ Faux

7   Le référendum organisé le 6 juillet 2003 en Corse a :
    - ☐ approuvé les « accords Matignon ».
    - ☐ rejeté la création d'une seule collectivité territoriale se substituant aux départements et à la collectivité régionale.
    - ☐ rejeté la proposition d'aligner la fiscalité sur les successions sur les dispositions nationales.

8   La loi du 27 février 2002 relative à la démocratie de proximité crée des conseils de quartiers dans les communes de :
    - ☐ plus de 2 000 habitants.
    - ☐ plus de 5 000 habitants.

- ☐ plus de 50 000 habitants.
- ☐ plus de 80 000 habitants.
- ☐ plus de 100 000 habitants.

9 Les ressources propres des collectivités territoriales au sens de l'article 72-2 de la Constitution comprennent :

- ☐ les impositions de toutes natures.
- ☐ les redevances pour services rendus.
- ☐ les produits du domaine.
- ☐ les dons et legs.
- ☐ la dotation globale de fonctionnement.

10 Les transferts de compétence de l'État aux collectivités territoriales sont organisés par :

- ☐ la révision de la Constitution.
- ☐ des lois organiques.
- ☐ des lois ordinaires.

13. La loi du 13 août 2004*

1 En cas d'atteinte à l'équilibre économique régional, qui coordonne les actions pour remédier à la situation ?

☐ La commune ☐ La région
☐ Le département ☐ Le préfet

2 Comment l'État peut-il remplir ses obligations sur les aides aux entreprises, vis-à-vis du droit communautaire ?

☐ Par questionnaire auprès des entreprises
☐ Par le bilan annuel transmis par les régions
☐ Par enquête de l'inspection générale des finances

3 La nouvelle loi modifie t-elle les compétences des régions en matière de :

– formations pour la recherche d'un emploi : Oui ☐ Non ☐

– formations des travailleurs sociaux : Oui ☐ Non ☐

– formation des médecins : Oui ☐ Non ☐

4 Les régions seront-elles compétentes :

– pour les autoroutes : Oui ☐ Non ☐

– pour les routes nationales : Oui ☐ Non ☐

5 Quelle est la collectivité territoriale compétente pour :

– les ports maritimes de commerce :
☐ la région ☐ le département ☐ la commune

* Les réponses et commentaires sont en p. 171.

Questions et exercices

- les ports maritimes de pêche :
  ☐ la région   ☐ le département   ☐ la commune
- les ports de plaisance :
  ☐ la région   ☐ le département   ☐ la commune

6 Quelle est la collectivité compétente pour créer ou exploiter des infrastructures de transport non urbain de personnes, ferrées ou guidées d'intérêt local :

☐ La région   ☐ Le département   ☐ La commune

7 Parmi les collectivités suivantes, quelles sont celles qui sont membres du nouveau « syndicat des transports d'Île-de-France » ?

☐ La Ville de Paris   ☐ Neuilly
☐ La Région Île-de-France   ☐ Oise
☐ Hauts de Seine   ☐ État

8 Les fonctions d'autorité de gestion et de paiement du « fonds social européen » peuvent t-elles être confiées :

☐ Aux villes chef lieu de région
☐ Aux régions
☐ Aux départements

9 Qui est désormais compétent pour élaborer les plans d'éliminations des déchets en Province :

☐ Les communes   ☐ Les régions
☐ Les préfets   ☐ Les départements

10 Qui a la responsabilité :

– de l'attribution des aides   ☐ L'État
  aux jeunes en difficulté :   ☐ La Région
                                    ☐ Le Département

– de l'action sociale en faveur   ☐ La Région
  des personnes âgées :   ☐ Le Département
                                    ☐ La Commune

- de la lutte contre les moustiques : ☐ Les communes
☐ Le département
☐ La région
☐ L'État

11 Quelle est la collectivité qui se voit attribuer la compétence pour la gestion des fonds de solidarité pour le logement :

☐ la commune ☐ le département ☐ la région

12 Les communes sont-elles concernées par le logement-étudiant ?

☐ Oui ☐ Non

13 Quelle collectivité assure la charge de l'accueil, de la restauration, de l'hébergement des élèves et de l'entretien :

- pour les collèges : ☐ Le département
☐ La région

- pour les lycées : ☐ Le département
☐ La région

14 Les personnels techniciens et ouvriers de service affectés aux tâches d'entretien et de maintenance des bâtiments d'enseignement sont-ils placés sous la responsabilité :

☐ de l'État
☐ de la collectivité territoriale de laquelle dépend le bâtiment

15 Quelle est la collectivité responsable de l'inventaire général du patrimoine culturel :

☐ L'État ☐ Le département
☐ La région ☐ La commune

16 L'État peut-il transférer aux collectivités territoriales qui en font la demande, la propriété d'immeubles et de biens mobiliers classés monuments historiques ?

☐ Oui ☐ Non

Questions et exercices

17 Pour les agents titulaires de l'État mis à la disposition des collectivités locales pour exercer leurs nouvelles compétences, il y aura :

- ☐ un retour obligatoire dans les services de l'État après la période transitoire.
- ☐ une intégration obligatoire dans la fonction publique territoriale.
- ☐ un droit d'option entre l'intégration ou un détachement sans limitation de durée.

18 Au plan financier, les transferts de compétence seront :

- ☐ gagés par une augmentation des impôts locaux.
- ☐ compensés moitié par les impôts locaux et moitié par une subvention de l'État.
- ☐ compensés par des ressources fiscales provenant de la TIPP et de la taxe sur les conventions d'assurance.

19 Quelles sont les collectivités qui peuvent consulter directement pour avis les électeurs sur les affaires relevant de leur compétence :

- ☐ Les communes
- ☐ Les Établissements publics de coopération intercommunale
- ☐ Les départements
- ☐ Les régions

20 Les transferts de compétence prévus par la nouvelle loi devront-ils :

- ☐ être opérés au 1er janvier 2005.
- ☐ être réalisés à la fin 2005.
- ☐ s'étaler jusqu'en 2008 selon les matières.

Deuxième partie

Réponses et commentaires

Réponses et commentaires 115

1. Panorama général des collectivités territoriales

1.A   Réponses*

◆ **Découpage géographique**

1   La France, c'est d'abord la métropole, d'autre part les départements et territoires d'outre-mer. Notre pays compte plus de 36 000 communes. Le chiffre exact est 36 763, mais on arrondit.

2 et 3

La métropole est composée de 96 départements (depuis que la Corse est divisée en 2 départements), formant 21 régions, plus la collectivité territoriale de Corse.
* Les départements d'outre-mer sont au nombre de 4 :
– Martinique ;
– Guadeloupe ;
– Guyane[1] ;
– Réunion.
Les départements d'outre-mer (DOM) ont en même temps statut de région. Chacun élit une assemblée représentative au suffrage universel direct.
Le nombre total des départements est donc de 100, celui des régions de 25.

4   Les territoires d'outre-mer au nombre de 3, tous situés dans l'océan Pacifique :
– la Nouvelle-Calédonie (dont le statut est actuellement transitoire) ;

---

* Les questions sont en p. 37.

1. Cf. la question humoristique et sérieuse à la fois, qui peut « coller » beaucoup de candidats lors des concours : « La France a-t-elle une frontière commune avec le Brésil ? » Grâce à la Guyane, la réponse est évidemment positive.

© Éditions d'Organisation

– la Polynésie française (Tahiti, et autres îles) ;
– les îles Wallis et Futuna.
Dans les territoires d'outre-mer (TOM), l'État exerce les 4 fonctions de souveraineté (défense, monnaie, justice, relations extérieures) tandis que les affaires locales sont gérées par une assemblée territoriale élue au suffrage universel direct, et un pouvoir exécutif désigné par elle, plus un représentant de l'État.
* D'autres collectivités territoriales ont un régime particulier, ce sont :
– Saint-Pierre-et-Miquelon (dans l'océan Atlantique nord) ;
– Mayotte (dans l'océan Indien) ;
– les TAAF (terres australes et antarctiques françaises) : la terre Adélie, les îles Kerguelen, Crozet, Saint-Paul, Nouvelle-Amsterdam (île).
N.B. : des régimes particuliers existent également pour la région Ile-de-France et trois grandes villes (Paris, Lyon et Marseille).

◆ La décentralisation

1. Le mot décentralisation ne figure pas dans la Constitution de 1958. Mais celle-ci consacre l'existence des collectivités décentralisées par plusieurs dispositions, notamment par son titre XII consacré aux collectivités territoriales.

2. Il fallait cocher les deux expressions :
   – collectivités locales, qui figure dans l'article 34,
   – collectivités décentralisées, qui figure dans l'article 72.
   Les bons auteurs estiment généralement que l'utilisation de ces deux expressions différentes est simplement due à une inadvertance des rédacteurs de la Constitution.

3. Article 1er de la Constitution du 4 octobre 1958 : « La France est une République indivisible, laïque, démocratique et sociale. »

4. Dans le texte de la Constitution de 1958 figure exclusivement l'expression souveraineté nationale.

5   Marquez A pour l'arrondissement et le canton, aires géographiques sans personnalité morale, qui sont de simples circonscriptions administratives de l'État.
    Les collectivités décentralisées sont des personnes morales de droit public. Elles ont la possibilité de créer des établissements publics territoriaux.
    Un piège : il fallait marquer A et D à la fois pour les communes, les départements et les régions. Motif : ce sont à la fois des collectivités décentralisées et des circonscriptions administratives de l'État.

6   Les trois premières assertions correspondent à la décentralisation. La décentralisation correspond à l'attribution d'une certaine autonomie à des collectivités qui s'administrent librement par des conseils élus. Ainsi se constituent des pouvoirs différents dans des parties déterminées du territoire. Les trois dernières assertions correspondent à la déconcentration, qui reste une modalité de la centralisation.

1B   Corrigés*

Extraits du Code des collectivités territoriales
Première partie. Dispositions communes

Article L. 1111-1

« Les communes, les départements et les régions s'administrent librement par des conseils élus. »
Article 1, alinéa 1er de la loi n° 82-213 du 2 mars 1982.
N.B. Les arrondissements et les cantons sont de simples circonscriptions administratives.

Article L. 1111-2

Les communes, les départements et les régions règlent par leurs délibérations les affaires de leur compétence.

---

* Les questions sont en p. 40.

Ils concourent avec l'État à l'administration et à l'aménagement du territoire, au développement économique, social, sanitaire, culturel et scientifique ainsi qu'à la protection de l'environnement et à l'amélioration du cadre de vie.
Les communes, les départements et les régions constituent le cadre institutionnel de la participation des citoyens à la vie locale et garantissent l'expression de sa diversité.
Article 1ᵉʳ de la loi n° 83-8 du 7 janvier 1983.

Article L. 1111-3

La répartition des compétences entre les communes, les départements et les régions ne peut autoriser l'une de ces collectivités à établir ou exercer une tutelle, sous quelque forme que ce soit, sur une autre d'entre elles.
Article 2 de la loi n° 83-8 du 7 janvier 1983.

Article L. 1614-1

Tout accroissement net de charges résultant des transferts de compétences entre l'État et les collectivités territoriales est accompagné du transfert concomitant par l'État aux communes, aux départements et aux régions des ressources nécessaires à l'exercice normal de ces compétences. Ces ressources sont équivalentes aux dépenses effectuées, à la date du transfert, par l'État au titre des compétences transférées et évoluent chaque année comme la dotation globale de fonctionnement. Elles assurent la compensation intégrale des charges transférées.
Lois n° 82-213 du 2 mars 1982 et 83-8 du 7 janvier 1983.

Article L. 1617-1

Le comptable de la commune, du département ou de la région est un comptable direct du Trésor ayant la qualité de comptable principal.
Il est nommé par le ministre chargé du Budget après information préalable, selon le cas, du ou des maires concernés, du président du conseil général ou du président du conseil régional.
Loi n° 82-213 du 2 mars 1982, article 14.

2. Les communes

2A Réponses*

◆ **Le statut des communes**

1   Réponse 4. Le Code des communes comporte une partie législative (numérotée en L) et une partie réglementaire (numérotée en R). Le Code des communes est maintenant intégré dans le Code général des collectivités territoriales (loi n° 56-142 du 21 février 1996).

2   La deuxième proposition est fausse. Les adjoints ne peuvent être choisis que parmi les membres du conseil municipal.

3   Le corps municipal de chaque commune est composé du conseil municipal, du maire et d'un ou plusieurs adjoints (article L. 121.1 du Code des communes devenu article L. 2121-1 du Code général des collectivités territoriales).

4   L'effectif du conseil municipal est fonction de la population de la commune. Il comporte de 9 à 69 conseillers. Les communes de moins de 100 habitants ont 9 conseillers. Les communes de plus de 300 000 habitants ont 69 conseillers.

5   Effectif du conseil municipal de nos trois plus grandes villes : Lyon : 73 ; Marseille : 101 ; Paris : 163.

6   Désignation et statut des maires et adjoints. Toutes les propositions sont exactes, sauf la deuxième. Nul ne peut être élu maire s'il n'est pas âgé de vingt-et-un ans révolus.

* Les questions sont en p. 42.

7   Les collèges relèvent de la compétence du département.

8   Scrutin majoritaire à deux tours avec possibilité de panachage et listes incomplètes jusqu'à 2 500 habitants. Listes complètes de 2 500 à 3 500 habitants. Au-delà de 3 500 habitants, c'est un système complexe. La première proposition était fantaisiste. Les trois suivantes sont bonnes.

9   Les conseils municipaux se réunissent au moins une fois par trimestre.

10 Le maire peut réunir le conseil municipal chaque fois qu'il le juge utile. Il est aussi tenu de le convoquer, dans un délai maximal de 30 jours, quand une demande motivée lui en est faite :
– soit par le représentant de l'État dans le département ;
– soit par une proportion qualifiée des membres du conseil municipal (le tiers au moins des membres dans les communes de 3 500 habitants et plus, la majorité des membres dans les communes de moins de 3 500 habitants). Il fallait cocher les trois premières propositions, mais non la dernière.

11 Toute convocation est faite par le maire. Elle indique les questions portées à l'ordre du jour. Elle est mentionnée au registre des délibérations, affichée ou publiée. Elle est adressée aux conseillers municipaux par écrit et à domicile.

12 Les délibérations sont prises à la majorité absolue des suffrages exprimés.

13 Les séances des conseils municipaux sont publiques.
Néanmoins, sur demande de trois membres ou du maire, le conseil municipal peut décider sans débat, à la majorité absolue des membres présents ou représentés, qu'il se réunit à huis clos.

14 Le maire a seul la police de l'assemblée. Il peut faire expulser de l'auditoire ou arrêter tout individu qui trouble l'ordre.

15 Les comptes rendus des séances sont affichés dans la huitaine. L'affichage a lieu, par extraits, à la mairie.

16 Un conseil municipal peut être dissous par décret motivé rendu en Conseil des ministres et publié au *Journal officiel.*

17 Attributions du conseil municipal.
Il fallait cocher les deux premières propositions.
a) C'est la phrase essentielle du Code des communes.
b) Exact.
c) Faux. Il émet des vœux sur tous les objets d'intérêt local (et non régional ou national).

18 Toutes ces propositions sont exactes.

19 Le changement de nom d'une commune est décidé par décret, sur la demande du conseil municipal, le conseil général consulté et le Conseil d'État entendu, sur le rapport du ministre de l'Intérieur. En ce qui concerne la procédure, il fallait donc cocher toutes les cases.

20 L'écharpe tricolore est le signe distinctif de l'autorité du maire. Les maires portent l'écharpe tricolore avec glands à franges d'or dans les cérémonies publiques et toutes les fois que l'exercice de leurs fonctions peut rendre nécessaire ce signe distinctif de leur autorité.

◆ Les communes en chiffres

1 et 2

La France comporte un nombre très élevé de communes : plus de 36 000.

Attention à un petit piège éventuel pour l'oral : si le jury vous demande le nombre des maires, il est évident qu'en principe c'est le même nombre que pour les communes (...question de bon sens). Il faut cependant tenir compte, le cas échéant, des remplacements en instance.

3   Le nombre des conseillers municipaux est près de 500 000.

4   Il existe 2 624 communes de plus de 3 500 habitants. Nombre de femmes maires : 181 soit un taux inférieur à 7 % (6,9 % seulement).
Proportion de femmes parmi les conseillers municipaux : 47,5 %. (38 106 femmes élues en 2001, soit un doublement par rapport à 1995).

5   Il existe en moyenne 380 communes par département. Le département qui a le plus de communes est le Pas-de-Calais, qui en comporte 898. Il existe un département qui comporte une seule commune : c'est Paris, à la fois commune et département.

6   La superficie moyenne d'une commune française est de l'ordre de 15 km², soit 1 500 hectares. Il fallait donc cocher les deux dernières cases (...petit piège tendu par le jury).

7   La plus grande commune de France est Arles : plus de 750 km² (plus de 750 000 hectares). Explication : elle englobe la majeure partie de la Camargue.

8   Superficie de Paris : 105 km² ; Lyon a 48 km² ; Marseille 240 km².

9   Le seuil fixé pour les travaux de l'INSEE est 2 000 habitants (Institut national de la statistique et des études économiques).

10 Il existe environ 33 000 communes de moins de 2 000 habitants.

11 Il existe environ 24 000 communes de moins de 500 habitants et 4 000 communes de moins de 100 habitants.

12 Quelques communes ont zéro habitant, ou seulement 1 ou 2 habitants recensés (communes de montagne, ou communes détruites en 1914-1918).

13 Parmi les villes de plus de 50 000 habitants, la commune qui a la densité la plus faible (moins de 3 500 habitants au km²) est Versailles... qui comporte de très vastes étendues en espaces verts. Levallois-Perret (22 200) a une densité plus forte que Paris (20 600).

14 Castelmoron-d'Albret a moins de 4 hectares (c'est-à-dire moins que la place Charles de Gaulle-Étoile à Paris).

15 Il existe dans la Somme une commune dénommée Y. Ses habitants sont les Yaciens. La commune d'Ay, dans la Marne, est beaucoup plus connue, car elle est au cœur d'un des vignobles les plus réputés de la Champagne. Les fusions de communes permettent d'obtenir des noms beaucoup plus longs.

16 Le nom de Saint-Rémy-en-Bouzemont-Saint-Genest-et-Isson comporte 45 caractères (38 lettres et 7 traits d'union). C'est une commune de la Marne.

17 Plus de 4 000 communes ont un nom commençant par Saint ou Sainte. Il existe plus de 240 Saint-Martin, et plus de 100 Saint-Jean, Pierre, Germain ou Laurent. Il existe aussi beaucoup de Sainte-Marie.
Dans l'ordre alphabétique des communes de France, on trouve :
– en premier, AAST, Pyrénées-Atlantiques ;
– en dernier, Zutkerque, Zuydcoote et Zuytpeene (dans le Nord-Pas-de-Calais).

◆ **Les compétences de la commune**

1 *Compétences du conseil municipal*
Le conseil municipal est chargé de la gestion du domaine communal (domaine public et domaine privé). Il décide des travaux publics à effectuer pour le compte de la commune, et des modalités de leur exécution.
Mais il n'est pas entièrement libre en ce qui concerne les services publics municipaux. Certains services publics sont obligatoires de par la loi. D'autre part, il ne doit pas empiéter sur les compétences de l'État ou des autres collectivités territoriales. Enfin, il est limité dans la création de services industriels ou commerciaux, qui reste exceptionnelle.

© Éditions d'Organisation

2 *Compétences en matière d'urbanisme*
Le conseil municipal intervient dans l'élaboration des schémas directeurs.
En matière de plan d'occupation des sols (POS), il a plus qu'un pouvoir consultatif : c'est lui qui les arrête.
Il fallait donc cocher la première case, mais non la seconde.

3 Il fallait cocher toutes les cases. La liste des dépenses obligatoires des communes, fixée par le Code des communes, correspond à celle de leurs compétences.
La commune doit inscrire à son budget les dépenses que la loi a déclarées obligatoires, et s'abstenir d'inscrire celles que la loi prohibe ou qui ne correspondent pas à un intérêt public communal.

4 La commune doit assurer les dépenses d'entretien des voies communales. Les autres ne relèvent pas de sa compétence.

5 La commune doit assurer « la clôture des cimetières, leur entretien et leur translation » (Code des communes).

6 Aux termes de la loi, les dépenses de personnel et de matériel relatives au service d'incendie et de secours sont obligatoires pour les communes.

7 L'enseignement élémentaire est un service public obligatoire de par la loi pour les communes. Mais seul l'établissement des écoles primaires publiques destinées à recevoir les élèves soumis à l'obligation scolaire donne lieu à une dépense obligatoire pour la commune (jurisprudence en ce sens du Conseil d'État).

8 En vertu du principe de la gratuité de l'enseignement primaire public, les communes ne peuvent pas demander aux parents une participation aux frais de ramassage scolaire (jurisprudence en ce sens du Conseil d'État).
En vertu du même principe, les communes ne peuvent pas non plus demander aux parents une participation aux frais d'acquisition, d'entretien et de renouvellement du matériel d'enseignement.

9 Réponse positive, car ce sont des services facultatifs.

10 Une loi de 1998 a enlevé aux communes la possibilité d'accorder des aides directes aux entreprises en difficulté.
En revanche, elle leur a permis de participer au capital d'un établissement de crédit (ayant la forme de société anonyme) pour garantir des concours financiers accordés à des personnes morales de droit privé.
Loi n° 88-19 du 5 janvier 1998 d'amélioration de la décentralisation.

11 *Compétences du maire*
Série 1 : Ensemble correct.

Série 2 : Cocher seulement la première case : le maire ordonnance les dépenses.
Il exécute bien les contrats, mais c'est lui-même qui les signe (et non le conseil municipal). Il nomme aux emplois, mais ce n'est pas lui qui les crée (c'est le conseil municipal).

Série 3 : La police administrative : ensemble exact (pouvoirs propres du maire).

Série 4 : Le maire dirige le personnel communal et représente la commune en justice. Mais c'est lui-même qui délivre les permis de construire lorsque la commune s'est dotée d'un plan d'occupation des sols.

12 *Compétences du maire en tant qu'agent de l'État*
Ensemble exact. Le maire est alors soumis à l'autorité hiérarchique du préfet. Pour exercer ces compétences, il prend des arrêtés municipaux à caractère individuel ou réglementaire.

13 *Contrôle des autorités communales*
Ensemble exact, sauf la première phrase. Le terme de tutelle a été officiellement supprimé pour être remplacé par un système de contrôle juridictionnel sur les actes.
Le contrôle le plus important est exercé par le corps électoral : les élus sont conduits à rendre compte de leur gestion quand ils sollicitent le renouvellement de leur mandat.

Contrôle sur les personnes : suspension du maire et des adjoints par arrêté ministériel, révocation par décret en Conseil des ministres, démission d'office par le tribunal administratif des conseillers municipaux qui refusent de remplir leurs fonctions, suspension pour un mois du conseil municipal en cas d'urgence (par le représentant de l'État), dissolution du conseil municipal (par décret motivé en Conseil des ministres).

◆ **Les regroupements de communes, les établissements publics territoriaux**

Le procédé de l'établissement public a été utilisé depuis longtemps pour réaliser des groupements fonctionnels de communes. La formule la plus ancienne, qui s'est généralisée, est celle des syndicats intercommunaux. S'y sont ajoutés les districts et les communautés urbaines, puis en 1992 les communautés de communes et les communautés de villes, et en 1999 les communautés d'agglomération.

Les établissements publics territoriaux sont des institutions hybrides. Elles sont en effet identifiées à la fois :

– par un critère géographique, comme les collectivités territoriales ;
– et par un critère de spécialisation fonctionnelle, comme les établissements publics.

La formule permet de remédier au morcellement des collectivités pour gérer des activités indispensables, sans toucher aux structures existantes.

1. C'était une question piège. Il ne fallait rien cocher, puisque la bonne réponse est justement la formule de l'établissement public.

2. Toutes les réponses sont exactes, sauf la dernière : dans le cas du syndicat de communes, l'intégration est moins poussée que dans le cas du district ou de la communauté urbaine.

3. Il fallait cocher les deux dernières cases. Les premières dénominations sont fantaisistes.
   Une loi du 22 mars 1890 avait institué le syndicat intercommunal à vocation unique (SIVU), c'est-à-dire destiné à gérer un seul service public.

Une ordonnance du 5 janvier 1959 a permis de créer des syndicats polyvalents : les syndicats intercommunaux à vocation multiple (SIVOM), pour gérer plusieurs services.

4 et 5
Il fallait cocher l'ensemble des cases.

Article L. 2111-1

Le changement de nom d'une commune est décidé par décret en Conseil d'État, sur demande du conseil municipal et après consultation du conseil général.

Article L. 2121-1

Le corps municipal de chaque commune se compose du conseil municipal, du maire et d'un ou plusieurs adjoints.

Article L. 2121-6

Un conseil municipal ne peut être dissous que par décret motivé rendu en Conseil des ministres et publié au *Journal officiel*.
S'il y a urgence, il peut être provisoirement suspendu par arrêté motivé du représentant de l'État dans le département. La durée de la suspension ne peut excéder un mois.

Article L. 2121-29

Le conseil municipal règle par ses délibérations les affaires de la commune.
Il donne son avis toutes les fois que cet avis est requis par les lois et règlements ou qu'il est demandé par le représentant de l'État dans le département.
Lorsque le conseil municipal, régulièrement requis et convoqué, refuse ou néglige de donner un avis, il peut être passé outre.
Le conseil municipal émet des vœux sur tous les objets d'intérêt local.

* Les questions sont en p. 53.

Article L. 2122-1

Il y a dans chaque commune, un maire et un ou plusieurs adjoints élus parmi les membres du conseil municipal.

Article L. 2122-2

Le conseil municipal détermine le nombre des adjoints au maire sans que ce nombre puisse excéder trente pour cent de l'effectif légal du conseil municipal.

Article L.2122-4

Le maire et les adjoints sont élus par le conseil municipal parmi ses membres. Nul ne peut être élu maire s'il n'est âgé de vingt-et-un ans révolus.

Article L. 2311-1

Le budget de la commune est établi en section de fonctionnement et en section d'investissement, tant en recettes qu'en dépenses.
Le budget de la commune est divisé en chapitres et articles dans les conditions qui sont déterminées par décret.

Article L. 2311-3

Le budget de la commune est proposé par le maire et voté par le conseil municipal.

Article L. 2333-76

Les communes, les établissements publics de coopération intercommunale ou les établissements publics locaux qui assurent l'enlèvement des ordures, déchets et résidus peuvent instituer une redevance calculée en fonction de l'importance du service rendu. La redevance est instituée par l'assemblée délibérante de la collectivité locale ou de l'établissement public qui en fixe le tarif.

Article L. 2511-1

Les communes de Paris, Marseille et Lyon sont soumises aux règles applicables aux communes, sous réserve des dispositions

du présent titre et des autres dispositions législatives qui leur sont propres.
Loi n° 82-1169 du 31 décembre 1982, dite « loi PLM ».

Article L. 2511-2

Les affaires des communes de Paris, Marseille et Lyon sont réglées par un conseil municipal, et pour certaines attributions définies au présent chapitre, par des conseils d'arrondissement. Les délibérations des conseils municipaux sont préparées et exécutées par le maire de la commune, celles de chaque conseil d'arrondissement par le maire d'arrondissement.

Article L. 2511-3

Les communes de Paris, Marseille et Lyon sont respectivement divisées en vingt, seize et neuf arrondissements.

Article L.2512-1

Outre la commune de Paris, le territoire de la ville de Paris recouvre une seconde collectivité territoriale : le département de Paris.
Les affaires de ces deux collectivités sont réglées par les délibérations d'une même assemblée, dénommée « Conseil de Paris », présidée par le maire de Paris.

Article L. 2512-2

Lorsque le conseil de Paris siège en qualité de conseil municipal, les dispositions relatives aux conseils municipaux lui sont applicables.

Article L. 2512-3

Le conseil de Paris est composé de 163 membres.

3. Le département

3A   Réponses*

1. Création des départements : il fallait cocher les deux premières cases (... petit piège). Le département est une création de la Révolution. Il a été conçu en 1790 dans le cadre d'un découpage administratif destiné à rationaliser l'organisation du territoire en mettant fin au particularisme des provinces. La superficie et la distance avaient été calculées de manière que chaque citoyen puisse se rendre à cheval au chef-lieu dans la journée.

2. *Constitution des départements :*
Charente-Maritime : Aunis et Saintonge
Haute-Vienne : parties de Limousin, Guyenne, Marche et Poitou
Pyrénées-Atlantiques : Béarn, Pays Basque, partie de Gascogne
Yonne : parties de Bourgogne, Champagne, Orléanais

3. *Départements correspondant à d'anciennes provinces :*
Ariège : comté de Foix
Allier : Bourbonnais
Aveyron : Rouergue
Dordogne : Périgord
Haute-Loire : Velay
Lot : Quercy
Lozère : Gévaudan

4. Le Nord a plus de 2 500 000 habitants, Paris 2 155 000.

5. Nord : 2 532 000 habitants
Bouches-du-Rhône : 1 760 000
Rhône : 1 510 000

* Les questions sont en p. 57.

Réponses et commentaires

Pas-de-Calais : 1 433 000
Hauts-de-Seine : 1 392 000

6   Départements de la « petite couronne » : Hauts-de-Seine (175 km^2), Seine-Saint-Denis (236 km2), Val-de-Marne (244 km^2).
    Autres départements issus de l'ancienne Seine-et-Oise : Essonne (1 800 km^2), Val-d'Oise (1 250 km^2), Yvelines (2 270 km^2).

7   Il fallait cocher seulement la première phrase.
    L'arrondissement est une circonscription administrative, et non une collectivité territoriale. Il est constitué par des cantons, mais non sous forme de fédération.
    L'arrondissement n'est pas obligatoirement doté d'une sous-préfecture. En effet, pour l'arrondissement chef-lieu, les services sont à la préfecture elle-même.

8   Chaque canton élit un conseiller général au suffrage universel direct. C'est un scrutin uninominal à deux tours.

9   Rôle du conseil général. 1 et 2 exacts. En ce qui concerne la délimitation des cantons, le conseil général dispose d'un simple pouvoir consultatif.

10 Conseil général et commission permanente. 1, 2 et 3 exacts. 4 fantaisiste.

11 Le président du conseil général. Tout est exact.

12 Le représentant de l'État dans le département. Tout est exact, sauf l'expression « commissaire de la République ». C'est le titre traditionnel de préfet qui est revenu en vigueur.

13 Le fonctionnement du conseil général. La proposition 2 est fausse : le conseil général se réunit au moins une fois par trimestre (et non par semaine).

14 Les collèges sont de la compétence du département.

15 Compétences du département. Ensemble exact, sauf la formation professionnelle (compétence de la région).

© Éditions d'Organisation

16 La dissolution d'un conseil général peut être prononcée, en cas d'impossibilité de fonctionnement, par décret pris en Conseil des ministres (le Parlement devant être tenu informé dans les délais les plus brefs).

17 Le service départemental d'incendie et de secours est un établissement public, créé dans chaque département. Il comporte un corps départemental de sapeurs-pompiers.

18 DDASS : Direction départementale des affaires sanitaires et sociales.
L'aide sociale constitue le domaine de compétence primordial du département. Le conseil général adopte un règlement départemental d'aide sociale qui définit les conditions d'attribution des prestations.

19 Le conseil général est compétent pour établir une carte scolaire des collèges. Il établit le programme prévisionnel des investissements relatifs aux collèges et détermine la localisation de ces derniers.
La loi confie aux départements la charge de construire, d'étendre, d'effectuer les grandes réparations, d'assurer l'équipement et le fonctionnement des collèges. (Restent à la charge de l'État les dépenses en personnels enseignants, et tout ce qui concerne l'organisation des enseignements).

20 Les agents du département font partie de la fonction publique territoriale, dont le statut a été adopté en 1984.

Article L. 3111-1

Le changement de nom d'un département est décidé par décret en Conseil d'État sur la demande du conseil général.

---

* Les questions sont en p. 61.

Article L. 3121-1

Il y a dans chaque département un conseil général.
Article 1er de la loi du 10 août 1871.

Article L. 3127-7

Le conseil général a son siège à l'hôtel du département.
Loi n° 82-213 du 2 mars 1982.

Article L. 3121-8

Le conseil général établit son règlement intérieur dans le mois qui suit son renouvellement. Le règlement intérieur peut être déféré devant le tribunal administratif.

Article L. 3121-9

Le conseil général se réunit, à l'initiative de son président, au moins une fois par trimestre, dans un lieu du département choisi par la commission permanente.

Article L. 3121-10

Le conseil général est également réuni à la demande de la commission permanente, ou du tiers de ses membres.

Article L. 3121-11

Les séances du conseil général sont publiques.
Néanmoins, sur la demande de cinq membres ou du président, le conseil général peut décider, sans débat, à la majorité absolue des membres présents ou représentés, qu'il se réunit à huis clos.

Article L. 3121-12

Le président a seul la police de l'assemblée.
Il peut faire expulser de l'auditoire ou arrêter tout individu qui trouble l'ordre.

Article L. 3122-1

Le conseil général élit son président lors de la réunion de droit qui suit chaque renouvellement triennal.

Pour cette élection, il est présidé par son doyen d'âge, le plus jeune membre faisant fonction de secrétaire.

Le président est élu à la majorité absolue des membres du conseil général pour une durée de trois ans. Si cette élection n'est pas acquise après les deux premiers tours de scrutin, il est procédé à un troisième tour de scrutin et l'élection a lieu à la majorité relative des membres du conseil général. En cas d'égalité des voix, l'élection est acquise au bénéfice de l'âge.

Article L. 3131-1

Les actes pris par les autorités départementales sont exécutoires de plein droit dès qu'il a été procédé à leur publication ou à leur notification aux intéressés, ainsi qu'à leur transmission au représentant de l'État dans le département.

Le président du conseil général certifie, sous sa responsabilité, le caractère exécutoire de ces actes.

Article L. 3132-1

Le représentant de l'État dans le département défère au tribunal administratif les actes qu'il estime contraires à la légalité, dans les deux mois suivant leur transmission.

Lorsque le représentant de l'État dans le département défère un acte au tribunal administratif, il en informe sans délai l'autorité départementale et lui communique toutes précisions sur les illégalités invoquées à l'encontre de l'acte concerné.

Article L. 3211-1

Le conseil général règle par ses délibérations les affaires du département. Il statue sur tous les objets sur lesquels il est appelé à délibérer par les lois et règlements, et, généralement, sur tous les objets d'intérêt départemental dont il est saisi.

Il donne son avis sur tous les objets sur lesquels il est consulté en vertu des lois et règlements ou dont il est saisi par les ministres, et notamment sur les changements proposés aux limites territoriales du département, des cantons, des arrondissements et des communes et sur la désignation de leur chef-lieu.

Lois du 10 août 1871 et du 2 mars 1982.

Article L. 3212-1

Le conseil général vote le budget du département.
Il vote les taux des impositions et taxes dont la perception est autorisée par les lois au profit du département.

Article L. 3221-1

Le président du conseil général est l'organe exécutif du département. Il prépare et exécute les délibérations du conseil général.
Loi n° 82-213 du 2 mars 1982.

Article L. 3222-2

Le président du conseil général est l'ordonnateur des dépenses du département, et prescrit l'exécution des dépenses départementales, sous réserve des dispositions particulières du Code général des impôts relatives au recouvrement des recettes fiscales des collectivités locales.

Article L.3221-3

Le président du conseil général est seul chargé de l'administration. Il peut déléguer par arrêté, sous sa surveillance et sous sa responsabilité, l'exercice d'une partie de ses fonctions aux vice-présidents, et en l'absence ou en cas d'empêchement de ces derniers, à d'autres membres du conseil général. Ces délégations subsistent tant qu'elles ne sont pas rapportées.
Loi n° 82-213 du 2 mars 1982.

Il est le chef des services du département. Il peut, sous sa surveillance et sa responsabilité, donner délégation de signature en toute matière aux responsables desdits services.

4. La région

4A Réponses*

1. L'actuel découpage peut être daté du début de la Ve République (décrets de 1959-1960 portant harmonisation des circonscriptions administratives).

2. Superficie moyenne d'une région métropolitaine : 25 000 km^2.

3. Superficie des petites régions :
   Alsace : 8 280 km^2
   Corse : 8 681 km^2
   Île-de-France : 12 000 km^2
   Haute-Normandie : 12 260 km^2
   Nord-Pas-de-Calais : 12 400 km^2

4. La plus grande région est Midi-Pyrénées : 45 350 km^2.

5. La 3e proposition est fausse. Depuis la loi du 2 mars 1982, le conseil régional est élu au suffrage universel direct. Les premières élections ont eu lieu le 16 mars 1986, les dernières le 15 mars 1998.

6. SGAR : Secrétaire général pour les affaires régionales, placé auprès du préfet de région.

7. Attributions du conseil régional. Les deux premières propositions sont exactes, mais non les deux dernières (elles relèvent du président).

8. Seule la première proposition est fausse : la région n'exerce pas d'autorité de tutelle sur les départements.

* Les questions sont en p. 66.

9 Loi du 2 mars 1992 : « Le conseil régional par ses délibérations, le président du conseil régional par l'instruction des affaires et l'exécution des délibérations, le comité économique et social par ses avis, concourent à l'administration de la région. »
Étant devenue collectivité territoriale autonome, la région n'est plus soumise à l'autorité du préfet de région. Le tribunal administratif n'intervient pas directement dans l'administration.

10 Ces fonctions sont incompatibles. Tout président d'une de ces assemblées élu président de l'autre cesse de ce fait même d'exercer sa première fonction.

11 *Première proposition fausse* : le titre exact est préfet de région.
Deuxième proposition absurde. Le préfet de région et le préfet du département où se trouve le chef-lieu de la région sont une seule et même personne.
Troisième proposition fausse : il est le délégué du gouvernement.
Il est le représentant direct du Premier ministre et de chacun des ministres pour l'exercice de leurs compétences à l'échelon de la région.
Quatrième proposition fausse : dans la mesure où la région peut exercer des compétences internationales, cela relève de son autonomie.

12 Le Conseil économique et social régional : toutes les propositions sont exactes, sauf celle qui concerne le budget (c'est le Conseil régional qui vote le budget de la région).

13 La Conférence administrative régionale : toutes les propositions sont exactes.

14 La 3e proposition est fausse. Sur le plan national, la Cour des comptes statue sans appel.

15 L'aide à la philatélie régionale ne figure pas expressément dans les compétences des régions.

16 Ressources des régions. Intruses : les taxes sur le tabac ; quant à la « taxe de délocalisation », c'est une fantaisie.
(N.B. : la Collectivité Territoriale Corse est dans une situation particulière.)

17 La loi du 13 mai 1991 a érigé la Corse en collectivité territoriale de la République, dotée d'un statut particulier.

18 La circonscription électorale pour les élections régionales est le département (les sièges sont répartis par département, et les listes sont constituées pour chaque département).

19 Les premières élections régionales ont eu lieu le 16 mars 1986, les deuxièmes en 1992, les dernières le 15 mars 1998.

20 Le Conseil économique et social régional.
Il fallait cocher toutes les propositions, sauf la première et la dernière.
Il n'est pas élu au suffrage universel direct, ses membres sont nommés.
Les proportions sont 35, 35, 25 et 5 %. Ce conseil comporte 5 % (seulement, et non 25) de personnalités qualifiées nommées par le Premier ministre.

21 Toutes les propositions concernant la planification sont exactes, sauf la dernière. Le dernier Plan national a été le Xe (1989-1992). Le XIe Plan n'a pas vu le jour.

Article L. 411-1

Les régions sont des collectivités territoriales.
Loi n° 82-213 du 2 mars 1982.

Elles sont créées dans les limites territoriales précédemment reconnues aux établissements publics régionaux.
Loi n° 72-619 du 5 juillet 1972.

---

* Les questions sont en p. 70.

Article L. 4111-2

Les régions peuvent passer des conventions avec l'État ou avec d'autres collectivités territoriales ou leurs groupements, pour mener avec eux des actions de leur compétence.
Loi n° 82-213 du 2 mars 1982.

Article L. 4111-3

La création et l'organisation des régions en métropole et outre-mer ne portent atteinte ni à l'unité de la République ni à l'intégrité du territoire.
Loi n° 82-213 du 2 mars 1982.

Article L. 4131-1

Les régions sont administrées par un conseil régional élu au suffrage universel direct.
Loi n° 82-213 du 2 mars 1982.

Article L. 4131-2

Le conseil régional par ses délibérations, le président du conseil régional par l'instruction des affaires et l'exécution des délibérations, le conseil économique et social régional par ses avis concourent à l'administration de la région.

Article L. 4132-5

Le conseil régional a son siège à l'hôtel de la région.

Article L. 4132-6

Le conseil régional établit son règlement intérieur dans le mois qui suit son renouvellement. Le règlement intérieur peut être déféré devant le tribunal administratif.

Article L. 4132-8

Le conseil régional se réunit à l'initiative de son président, au moins une fois par trimestre, dans un lieu de la région choisi par la commission permanente.

Article L. 4211-1

La région a pour mission, dans le respect des attributions des départements et des communes, et, le cas échéant, en collaboration avec les collectivités et avec l'État, de contribuer au développement économique, social et culturel de la région par :
1° Toutes études intéressant le développement régional.
2° Toutes propositions tendant à coordonner et à réaliser les choix des investissements à réaliser par les collectivités publiques.
3° La participation volontaire au financement d'équipements collectifs présentant un intérêt régional direct.
4° La réalisation d'équipements collectifs présentant un intérêt régional direct, avec l'accord et pour le compte de collectivités locales, de groupements de collectivités locales, d'autres établissements publics ou de l'État.
5° Toute participation à des dépenses de fonctionnement liées à des opérations d'intérêt régional direct.
6° Toutes interventions dans le domaine économique... (...sous certaines conditions et limites).
7° L'attribution pour le compte de l'État d'aides financières que celui-ci accorde aux investissements des entreprises concourant au développement régional et à l'emploi, dans des conditions prévues par décret.
Voir décret n° 95-149 du 6 février 1995 relatif à la prime d'aménagement du territoire.
8° La participation au capital des sociétés de développement régional et des sociétés de financement interrégionales ou propres à chaque région, existantes ou à créer, ainsi que des sociétés d'économie mixte.

Article L. 4221-1

Le conseil régional règle par ses délibérations les affaires de la région.
Il a compétence pour promouvoir le développement économique, social, sanitaire, culturel et scientifique de la région et l'aménagement de son territoire et pour assurer la préservation de son identité, dans le respect de l'intégrité, de l'autonomie et des attributions des départements et des communes.

Il peut engager des actions complémentaires de celles de l'État, des autres collectivités territoriales et des établissements publics situés dans la région, dans les domaines et les conditions fixés par les lois déterminant la répartition des compétences entre l'État, les communes, les départements et les régions.

Article L. 4231-1

Le président du conseil régional est l'organe exécutif de la région.
Il prépare et exécute les délibérations du conseil régional.

Article L. 4231-2

Le président du conseil régional est l'ordonnateur des dépenses de la région et prescrit l'exécution des recettes régionales, sous réserve des dispositions particulières du Code général des impôts relatives au recouvrement des recettes fiscales des collectivités locales.

Article L. 4231-3

Le président du conseil régional est seul chargé de l'administration.
Il est le chef des services de la région. Il peut, sous sa surveillance et sa responsabilité, donner délégation de signature en toute matière aux responsables desdits services.

Article L. 4251-1

Le Plan de la région détermine les objectifs à moyen terme du développement économique, social et culturel de la région pour la période d'application du Plan de la nation.
Il prévoit les programmes d'exécution mis en œuvre par la région soit directement, soit par voie contractuelle avec l'État, d'autres régions, les départements ou les communes, les entreprises publiques ou privées ou toute autre personne morale.

5. L'arrondissement et le canton

5A L'arrondissement

1. Les arrondissements datent de 1800 (loi du 28 pluviôse an VIII). Ils remplaçaient les districts créés en 1789.

2. Le sous-préfet est le fonctionnaire chargé de l'administration de l'arrondissement.

3. Nombre d'arrondissements : 339. Soit, en moyenne, 3 ou 4 par département.

4. Nombre de sous-préfectures : 239, chiffre global (y compris celles des départements d'outre-mer).
   Calcul logique : c'est le nombre des arrondissements diminué de 100.
   Soit 339 − 100 = 239.
   En effet, puisqu'il existe 100 départements, nous avons 100 préfectures, soit 100 arrondissements correspondant au chef-lieu.

5. Un arrondissement comporte, en moyenne, une bonne centaine de communes (moyenne arithmétique : 112).

6. Exemples d'arrondissements comportant une seule commune : Paris (les vingt « arrondissements » correspondent à une autre notion) ; Metz-ville ; Strasbourg-ville.

7. Population moyenne d'un arrondissement : 175 000 habitants

8. Cochez une seule case : l'arrondissement est une simple circonscription administrative. Il n'a pas la personnalité morale, ni aucune prérogative juridique particulière.

* Les questions sont en p. 75.

Réponses et commentaires *143*

5B   Le canton*

1. Le canton est essentiellement une circonscription électorale, dans le cadre de laquelle est élu un conseiller général.
   Il est souvent le siège de divers services de l'État : gendarmerie, équipement (ponts et chaussées). Les services fiscaux (centres des impôts) sont généralement au niveau de l'arrondissement. Ce sont les services de la comptabilité publique qui ont un découpage souvent cantonal.
   Il fallait donc cocher toutes les cases sauf celle concernant les services fiscaux.

2. Le nombre moyen de communes par canton est de l'ordre de la dizaine.
   Justification : plus de 36 000 communes pour près de 4 000 cantons.

3. Certains cantons peuvent comporter une seule commune. C'est même un cas assez fréquent (près d'une centaine).

4. Une commune peut comporter plusieurs cantons... même si la question est, à première vue, paradoxale.
   Il suffit de penser aux grandes villes, où la commune est découpée en plusieurs cantons.
   C'est donc un cas assez fréquent : près de 200.
   Dans d'autres cas, un canton peut comporter une fraction d'une grande commune, et une ou plusieurs petites communes périphériques.

5. La population moyenne d'un canton est de l'ordre de 15 000 habitants.
   Moyen rapide pour trouver : vous arrondissez la population de la France à 60 millions d'habitants, vous divisez par 4 000, et vous avez bien 15 000.
   Illustration du problème du découpage cantonal : certains tout petits cantons ont à peine 500 habitants ; mais en milieu urbain se trouvent des cantons de plus de 50 000 habitants.

* Les questions sont en p. 76.

© Éditions d'Organisation

6. Les statuts particuliers

6A — Paris et l'Île-de-France*

1   C'est une loi de 1964 qui a procédé à un nouvel aménagement de la région parisienne.

2   Les anciens départements de la Seine et de la Seine-et-Oise ont été supprimés.

3   Collectivités ayant succédé à la Seine et à la Seine-et-Oise :
– Paris, à la fois ville et département (immatriculation 75) ;
– les trois départements de la « petite couronne » : Hauts-de-Seine (92), Seine-Saint-Denis (93) et Val-de-Marne (94) ;
– les trois départements de la « grande couronne » : Yvelines (78), Essonne (91) et Val-d'Oise (95).
Le département de Seine-et-Marne (77) est resté inchangé.

4   Il fallait cocher les trois cases : depuis 1964, Paris est une collectivité territoriale à statut particulier ayant des compétences de nature communale et départementale. Le statut de Paris « ville-département », est dérogatoire.

5   Le préfet de police, institué en 1871 après les événements de la Commune, subsiste à Paris. Par dérogation au droit commun municipal, c'est lui qui exerce les pouvoirs de police et non le maire.

6   Cochez l'ensemble des cases (juxtaposition des budgets).

7   À Paris, le conseil municipal porte le nom de Conseil de Paris. Il a aussi les compétences d'un conseil général. Il est constitué

* Les questions sont en p. 78.

Réponses et commentaires *145*

par 163 conseillers élus au suffrage universel direct (scrutin de liste par arrondissement).

8 Au niveau de l'arrondissement, il existe un conseil d'arrondissement.
Chaque conseil d'arrondissement comprend les conseillers de Paris élus dans l'arrondissement et des conseillers d'arrondissement (le nombre de ces derniers est double).

9 Chaque conseil d'arrondissement élit un maire (parmi les conseillers de Paris) et des adjoints.

10 « Loi PLM ». C'est l'appellation familière de la loi n° 82-1169 du 31 décembre 1992 relative à l'organisation administrative de Paris, Lyon et Marseille.
Les villes de Marseille et Lyon sont, comme Paris, divisées en arrondissements dotés de conseils élus. Ces trois villes forment donc une catégorie particulière de collectivités territoriales.

6B   La Corse*

1 *Collectivité territoriale de Corse*
Le dernier texte important est la loi n° 91-428 du 13 mai 1991 portant statut de la collectivité territoriale de Corse.
Cependant, pour beaucoup d'auteurs et dans les statistiques, la Corse est encore comptée parmi nos régions.

2 En Corse, le conseil régional est appelé Assemblée de Corse.
Il existe aussi un Comité économique et social, et une Assemblée consultative : le Conseil de la culture, de l'éducation et du cadre de vie de Corse.

3 La notion de « peuple corse, composante du peuple français » n'a finalement pas été retenue dans le texte de la loi du 13 mai 1991. Le Conseil constitutionnel l'a déclarée contraire à la Constitution.

* Les questions sont en p. 79.

© Éditions d'Organisation

4   Particularisme institutionnel : le Conseil exécutif est un organe exécutif collégial.

6C   Les collectivités d'outre-mer*

1   Selon les gouvernements, il existe un ministre chargé des départements et territoires d'outre-mer, ou un secrétaire d'État auprès du Premier ministre ou du ministre de l'Intérieur.

2   Les préfets des départements d'outre-mer ont plus de pouvoirs que leurs collègues de la métropole. Ils sont responsables de la sûreté intérieure et extérieure du département. Ils disposent, à ce titre, des forces armées. Aucune opération militaire ne doit être entreprise sans leur autorisation. Ils peuvent déclarer l'état de siège (alors que celui-ci est décrété par le Conseil des ministres dans la métropole).

3   Chaque département d'outre-mer constitue une région (les autres propositions sont fantaisistes).
Chaque DOM a donc deux assemblées : un conseil général et un conseil régional, qui gèrent le même territoire géographique.

4   Les trois territoires d'outre-mer sont la Nouvelle-Calédonie, Wallis et Futuna, et la Polynésie française.
Ils ont des statuts particuliers très différents, fixés par des lois spéciales. Celui de la Nouvelle-Calédonie est en évolution.
Chacun s'administre librement par des conseils élus.
Chacun comporte une assemblée des pays, et un gouvernement qui constitue le Conseil des ministres. Le gouvernement est responsable devant l'Assemblée.

5   Le représentant de l'État est le haut-commissaire de la République (mais il n'est plus l'organe exécutif du territoire).

* Les questions sont en p. 80.

Réponses et commentaires

Il a la charge des intérêts nationaux, du respect des lois et du contrôle administratif (qui s'effectue dans des conditions similaires à celles de la métropole, grâce à l'institution d'un tribunal administratif dans le territoire).

6   Les deux principaux partis politiques de la Nouvelle-Calédonie sont :
    – le FNLKS, Front National de Libération Kanak socialiste ;
    – le RPCR, Rassemblement pour la Calédonie dans la République.
    Leurs accords, ratifiés par référendums, prévoient l'établissement de la pleine souveraineté de la Nouvelle-Calédonie et l'accès à un « statut international de pleine souveraineté ».
    (Les autres sigles étaient fantaisistes).
    Pour mémoire : à l'initiative du Premier ministre, Michel Rocard, un référendum avait eu lieu le 6 novembre 1988, donnant approbation de la loi n° 88-1028 du 3 novembre 1988 portant dispositions statutaires et préparatoires à l'autodétermination de la Nouvelle-Calédonie.

7   En application de l'article 72, alinéa 1, de la Constitution, ce texte a créé en Nouvelle-Calédonie une nouvelle catégorie de collectivités territoriales : les provinces.

8   Les terres australes et antarctiques françaises (TAAF) constituent un territoire d'outre-mer à statut particulier.
    Il ne comporte pas de population, si ce n'est des équipes de chercheurs scientifiques.
    Ces terres sont gérées par un administrateur supérieur, assisté d'un conseil consultatif (situés l'un et l'autre à Paris).

9   L'île de Mayotte (océan Indien) constitue une collectivité territoriale *sui generis*.

10 Saint-Pierre-et-Miquelon constitue une collectivité territoriale *sui generis*.
    Les autres îles citées font partie des terres australes et antarctiques françaises.

7. Les élections*

1 *Caractéristiques du suffrage*
Art. L. 1er du Code électoral.
Le suffrage est direct et universel.

Art. 3, alinéa 2 de la Constitution de 1958.
Le suffrage peut être direct ou indirect dans les conditions prévues par la Constitution. Il est toujours universel, égal et secret.
Pour mémoire : le suffrage indirect est en vigueur pour les élections sénatoriales.
Le suffrage censitaire était en vigueur sous la Restauration.
Le scrutin est toujours secret (et non public).
Le scrutin proportionnel est en vigueur pour les élections régionales, et pour une part pour les élections municipales (communes de plus de 3 500 habitants).

2 *Qualité d'électeur*
Voir art. L.2. du Code électoral. *(page 144)*

3 *L'inscription sur les listes électorales est obligatoire* (article L.9 du Code électoral).
Nul ne peut être inscrit sur plusieurs listes électorales (article L.10 du Code électoral).

4 *Conditions d'inscription*
Vrai. Voir article L.11 du Code électoral. *(page 145)*

5 *Droit de vote des Français établis hors de France*
Réponse positive. Voir article L.17 du Code électoral.

6 *Droit de vote des militaires*
Vrai. Voir article L.13 du Code électoral. *(page 145)*

* Les questions sont en p. 82.

7 *Listes électorales*
Les listes électorales sont permanentes.
Elles sont l'objet d'une révision annuelle.

8 *Réponses positives* : tout électeur, tout candidat et tout parti ou groupement politique peut prendre communication et copie de la liste électorale (article L.28 du Code électoral).

9 *Contrôle des inscriptions sur les listes électorales*
L'INSEE est chargé de tenir un fichier général des électeurs en vue du contrôle des inscriptions sur les listes électorales (article L. 37 du Code électoral).
Il revient au préfet de faire procéder, par toutes voies de droit, aux révisions nécessaires sur les listes électorales (article L. 38 du Code électoral).

10 *Cartes électorales*
Une carte électorale valable pour toutes les consultations politiques au suffrage direct est délivrée à tout électeur inscrit sur la liste électorale (article R. 23 du Code électoral).
Dans chaque commune, les cartes électorales sont établies par le maire (article R. 24 du Code électoral).
Les cartes électorales doivent obligatoirement comporter :
– les noms et prénoms de l'électeur,
– domicile ou résidence (avec indication de la rue ou du numéro là où il en existe),
– la date et le lieu de naissance,
– le numéro d'inscription sur la liste,
– l'indication du lieu du bureau de vote où doit se présenter l'électeur.
Mais il n'est pas fait mention de la participation de l'électeur aux élections précédentes, et encore moins de son appartenance à un parti politique ou à une association, et ni de ses diplômes, ni de son emploi, ni de ses revenus ou impôts.

11 *Incompatibilités*
Réponse : deux mandats. Voir article L. 46.1 du Code électoral.

12 *Grandes lois sur la liberté de réunion*
Loi du 30 juin 1881 sur la liberté de réunion.
Loi du 28 mars 1907 relative aux réunions publiques.
Les réunions publiques sont libres, et non soumises à autorisation préalable.

◆ **Opérations de vote**

13 *Durée légale du scrutin*
Le scrutin ne dure qu'un seul jour (article L. 54 du Code électoral).
Jour du scrutin
Il a lieu un dimanche (article L. 55 du Code électoral).

Deuxième tour de scrutin
En cas de deuxième tour de scrutin, il y est procédé le dimanche suivant le premier tour (article L. 56 du Code électoral).

14 *Machines à voter*
Il existe des machines à voter, qui doivent être d'un modèle agréé par arrêté du ministre de l'Intérieur.

15 *Urne électorale*
Elle est transparente. Elle comporte une seule ouverture destinée à laisser passer l'enveloppe contenant le bulletin de vote, et doit avoir été fermée avec deux serrures dissemblables.

16 *Bureau de vote*
En principe, c'est le maire qui préside (voir l'article R. 43 du Code électoral).

17 Toutes discussions et toutes délibérations des électeurs sont interdites à l'intérieur du bureau de vote (article R. 48 du Code électoral).

18 Le président du bureau de vote a seul la police du bureau de vote.

19 *Vote par procuration*
   Le vote par procuration est possible, dans les conditions et selon les modalités fixées par l'article L. 71 du Code électoral.
   Vote par correspondance
   Cette modalité de vote a été supprimée par la loi n° 75.1329 du 31 décembre 1975.

20 *La commission de contrôle des opérations de vote*
   Elle est présidée par un magistrat de l'ordre judiciaire.

Extraits du code électoral

Le Code électoral a fait l'objet d'une codification officielle en 1964.

Comme il est de règle pour les codifications postérieures à la Constitution de 1958, celle-ci comporte une partie de nature législative (articles numérotés en L) et une partie de nature réglementaire (articles numérotés en R).

LIVRE PREMIER

Élection des députés, des conseillers généraux et des conseillers municipaux des départements.

TITRE PREMIER

Dispositions communes à l'élection des députés, des conseillers généraux et des conseillers municipaux.

Chapitre premier

Conditions requises pour être électeur

Art. L. 1er. Le suffrage est direct et universel.
Art. L. 2. Sont électeurs les Françaises et Français, âgés de dix-huit ans accomplis, jouissant de leurs droits civils et politiques, et n'étant dans aucun cas d'incapacité prévu par la loi.

© Éditions d'Organisation

Chapite II

Listes électorales
Section première – Conditions d'inscription sur une liste électorale

Art. L. 9. L'inscription sur les listes électorales est obligatoire.

Art. L. 10. Nul ne peut être inscrit sur plusieurs listes électorales.

Art. L. 11. Sont inscrits sur la liste électorale, sur leur demande :

1°) Tous les électeurs qui ont leur domicile réel dans la commune ou y habitent depuis six mois au moins ;

2°) Ceux qui figurent pour la cinquième fois sans interruption, l'année de la demande d'inscription, au rôle d'une des contributions directes communales et, s'ils ne résident pas dans la commune, ont déclaré vouloir y exercer leurs droits électoraux. Tout électeur ou toute électrice peut être inscrit sur la même liste que son conjoint au titre de la présente disposition ;

3°) Ceux qui sont assujettis à une résidence obligatoire dans la commune en qualité de fonctionnaires publics.

Art. L. 12. Les Français et les Françaises établis hors de France et immatriculés au consulat de France peuvent sur leur demande, être inscrits sur la liste électorale de l'une des communes suivantes :

– commune de naissance ;
– commune de leur dernier domicile ;
– commune de leur dernière résidence, à condition que cette résidence ait été de six mois au moins ;
– commune où est né, est inscrit ou a été inscrit sur la liste électorale un de leurs ascendants ;
– commune sur la liste électorale de laquelle est inscrit un de leurs descendants du premier degré.

Art. L. 13. Les militaires des armées de terre, de mer et de l'air sont électeurs dans les mêmes conditions que les autres citoyens.

Section II – Établissement et révision des listes électorales

Art. L. 16. Les listes électorales sont permanentes. Elles sont l'objet d'une révision annuelle.

Art. L. 17. À chaque bureau de vote est affecté un périmètre géographique.

Une liste électorale est dressée pour chaque bureau de vote par une commission administrative constituée pour chacun de ces bureaux, et constituée du maire ou de son représentant, du délégué de l'administration désigné par le préfet ou le sous-préfet, et d'un délégué désigné par le tribunal de grande instance.

Art. L. 28. Les listes électorales sont réunies en un registre et conservées dans les archives de la commune.
Tout électeur, tout candidat et tout parti ou groupement politique peut prendre communication et copie de la liste électorale.

Section IV – Contrôle des inscriptions sur les listes électorales

Art. L. 37. L'Institut national de la statistique et des études économiques est chargé de tenir un fichier général des électeurs et électrices en vue du contrôle des inscriptions sur les listes électorales.

Art. L. 38. Le préfet fait, par toutes voies de droit, procéder aux révisions nécessaires sur les listes électorales.

Section VI – Cartes électorales

Art. R. 23. Une carte électorale valable pour toutes les consultations politiques au suffrage direct est délivrée à tout électeur inscrit sur la liste électorale.

Art. R. 24. Dans chaque commune, les cartes électorales sont établies par le maire.

Elles doivent obligatoirement comporter les noms, prénoms, domicile ou résidence de l'électeur (avec indication de la rue ou du numéro là où il en existe), la date et le lieu de naissance de l'électeur, le numéro d'inscription de l'électeur sur la liste, l'indication du lieu du bureau de vote où doit se présenter l'électeur.

© Éditions d'Organisation

Chapitre IV

Incompatibilité

Art. L. 46.1. (Loi n° 85-1406 du 30 décembre 1985).

Nul ne peut cumuler plus de deux des mandats électoraux ou fonctions électives énumérés ci-après : représentant au Parlement européen, conseiller régional, conseiller général, conseiller de Paris, maire d'une commune de 20 000 habitants ou plus, adjoint au maire d'une commune de 100 000 habitants ou plus.

Chapitre V

Propagande

Art. L. 47. Les conditions dans lesquelles peuvent être tenues les réunions électorales sont fixées par la loi du 30 juin 1881 sur la liberté de réunion et par la loi du 28 mars 1907 relative aux réunions publiques.

Loi de 1881 : les réunions publiques sont libres.

Loi de 1907 : les réunions publiques, quel qu'en soit l'objet, pourront être tenues sans déclaration préalable.

Chapitre VI

Vote

Section première – Opérations préparatoires au scrutin

Art. L. 53. L'élection se fait dans chaque commune.

Art. R. 40. Les électeurs se réunissent au chef-lieu de la commune. Toutefois, ils peuvent être répartis par arrêté du préfet en autant de bureaux de vote que l'exigent les circonstances locales et le nombre des électeurs ; le siège de ces bureaux de vote peut être fixé hors du chef-lieu de la commune.

Art. R. 41. Le scrutin est ouvert à 8 h et clos le même jour à 18 h. Toutefois, pour faciliter aux électeurs l'exercice de leur droit de vote, les préfets pourront prendre des arrêtés à l'effet d'avancer l'heure d'ouverture du scrutin dans certaines communes ou de retarder son heure de clôture dans l'ensemble d'une même circonscription électorale.

Section II – Opérations de vote

Art. L. 54. Le scrutin ne dure qu'un seul jour.

Art. L. 55. Il a lieu un dimanche.

Art. L. 56. En cas de deuxième tour de scrutin, il y est procédé le dimanche suivant le premier tour.

Art. L. 57. Seuls peuvent prendre part au deuxième tour de scrutin les électeurs inscrits sur la liste électorale qui a servi au premier tour de scrutin.

N.B. Cependant il ne peut être fait obstacle à ce que des électeurs, justifiant par une décision du tribunal d'instance de leur droit à être inscrits sur la liste électorale, puissent voter au second tour même s'ils n'ont pu le faire au premier à raison de l'époque à laquelle est intervenue la décision du juge (jurisprudence du Conseil d'État).

Art. L. 57.1. Des machines à voter peuvent être utilisées dans les bureaux de vote des communes de plus de 3 500 habitants (figurant sur une liste fixée par décret en Conseil d'État).

Art. L. 59. Le scrutin est secret.

Art. L. 63. L'urne électorale est transparente.

Art. R. 42. Chaque bureau de vote est composé d'un président, d'au moins quatre assesseurs et d'un secrétaire choisi par eux parmi les électeurs de la commune.

Art. R. 43. Les bureaux de vote sont présidés par les maires, adjoints et conseillers municipaux dans l'ordre du tableau. À leur défaut, les présidents sont désignés par le maire parmi les électeurs de la commune.

Art. R. 48. Toutes discussions et toutes délibérations des électeurs sont interdites à l'intérieur des bureaux de vote.

Section IV – Vote par correspondance

Abrogée par la loi n° 75.1329 du 31 décembre 1975.

Section V – Contrôle des opérations de vote

Art. L. 85.1. Dans toutes les communes de plus de 20 000 habitants, il est institué des commissions de contrôle des opérations de vote, qui sont chargées de vérifier la régularité de la composition des bureaux de vote ainsi que celle des opérations de vote, de dépouillement des bulletins et de dénombrement des suffrages et de garantir aux électeurs ainsi qu'aux candidats ou listes en présence le libre exercice de leurs droits.

La commission est obligatoirement présidée par un magistrat de l'ordre judiciaire. Elle peut s'adjoindre des délégués choisis parmi les électeurs du département.

8. Les finances locales*

1. Seule la loi, donc le Parlement, peut créer de nouveaux impôts (article 34 de la Constitution du 4 octobre 1958). Les collectivités locales ne peuvent donc à leur initiative instituer de nouvelles contributions. Par contre, elles peuvent fixer le taux de certaines taxes dont le produit leur revient et recevoir des dotations budgétaires, par exemple la dotation globale de fonctionnement.

2. En 2000, les impôts locaux représentaient, 4,4 % du PIB. Cette part est stable depuis 1996.

3. En 1975 par la loi du 29 juillet qui institue la taxe professionnelle assise sur les terrains, sur les équipements et les salaires, à compter du 1er janvier 1976.

4. Sur un plan global, la taxe professionnelle est celle qui rapporte le plus aux collectivités locales. Elle représente 48 % du produit contre 25 % à la taxe d'habitation, 25 % pour la taxe foncière sur les propriétés bâties et 2 % pour la taxe foncière sur les propriétés non bâties. Au niveau de chaque collectivité ces équilibres peuvent être différents compte tenu de la nature du tissu fiscal (urbain ou rural, industriel ou d'habitation...).

5. La taxe sur les salaires est un impôt d'État, la redevance de l'audiovisuel une taxe parafiscale au profit des organismes publics de radio et de télévision. La taxe foncière et la taxe professionnelle revont aux collectivités locales qui votent des taux spécifiques.

6. Ce sont la taxe sur les permis de conduire et la taxe additionnelle aux droits de mutation sur les biens immobiliers. La taxe locale d'équipement est perçue au profit des communes et la taxe départementale d'espaces verts, comme son nom l'indique, au profit des départements.

* Les questions sont en p. 87.

© Éditions d'Organisation

7   La taxe d'habitation est assise et contrôlée par le centre des impôts (Direction générale des impôts) mais elle est payée à la perception (Direction générale de la comptabilité publique).

8   C'est une subvention de l'État versée chaque année aux communes et aux départements pour couvrir une partie de leurs dépenses de fonctionnement (plus de 100 milliards au total) et qui évolue comme les prix pour l'essentiel.

9   La loi de finances pour 1996 a institué un encadrement de certaines dotations dont bénéficient les collectivités territoriales de façon à ce que globalement elle n'évoluent pas plus vite que les prix.

10 Une collectivité locale doit déposer ses fonds au Trésor public. C'est un comptable du Trésor public qui tient sa comptabilité.

11 Une collectivité locale peut, notamment depuis la loi du 2 mars 1982, emprunter librement des fonds afin de financer ses dépenses d'équipement. Le remboursement de la dette constitue une dépense obligatoire.

12 Privatisé depuis juin 1993, le Crédit local de France est le principal prêteur des collectivités territoriales.

13 La régie directe est la gestion par la collectivité sans personne morale distincte avec les dépenses et les recettes directement enregistrées au budget de la collectivité.

14 La concession est un contrat par lequel une personne publique confie à une autre personne privée ou publique l'exploitation d'un service public. Le concessionnaire l'exploite à ses risques et périls.
    Donc réponse n° 2, le n° 1 est la gérance, le n° 3 est l'affermage.

15 Le budget d'une collectivité territoriale est présenté en deux sections, la section d'investissement et la section de fonctionnement.

16 La dotation globale d'équipement est bien entendu inscrite en recettes à la section d'investissement, la dotation globale de fonctionnement sera inscrite à la section de fonctionnement.

17 Le maire est ordonnateur du budget de la commune, il donne l'ordre par exemple de payer une dépense et c'est le comptable du Trésor public qui tient les comptes de la commune qui exécute cet ordre et paye en s'assurant que les règles sont respectées.

18 La loi du 2 mars 1982 a supprimé les tutelles *a priori* pour les remplacer par un contrôle *a posteriori* fondé sur la légalité. Le budget devient exécutoire après sa transmission au préfet mais celui-ci peut saisir le tribunal administratif ou la chambre régionale des comptes s'il détecte des irrégularités.

19 Les chambres régionales des comptes sont des juridictions présidées par un conseiller maître ou un conseiller référendaire à la Cour des comptes et formées de conseillers, magistrats inamovibles.

20 L'inscription d'office d'une dépense obligatoire ou l'absence d'équilibre du budget relève du contrôle de légalité du préfet qui saisit la chambre régionale des comptes qui statuera au fond.
Le comptable du Trésor ne peut que contrôler que les recettes et les dépenses sont conformes aux réglementations en vigueur avant de leur donner suite. Si ce n'est pas le cas, il peut en suspendre l'exécution.

21 La taxe d'habitation est perçue au profit des communes et des départements, depuis l'année 2001, la part régionale a été supprimée.

9. La fonction publique territoriale *

1. 1 400 000 personnes soit environ 1/3 de l'ensemble des fonctions publiques (hospitalière et d'État).

2. Chaque année la fonction publique territoriale offre 10 000 emplois dans les secteurs les plus variés.

3. L'état civil, la gestion des bibliothèques, l'entretien de la voirie peuvent relever de personnels communaux. Les impôts et l'enseignement dans les lycées relèvent d'agents de l'État.

4. 100 000 personnes (notamment dans l'action sociale, les collèges…).

5. C'est l'organisme communal qui gère les aides aux personnes âgées et aux défavorisés. Ils emploient plus de 41 000 fonctionnaires territoriaux.

6. Les emplois de la fonction publique territoriale se répartissent en sept filières (administrative, technique, culturelle, sanitaire et sociale, sécurité, sportive et animation) qui chacune regroupe des types de métiers.

7. Il existe environ 250 métiers dans la fonction publique territoriale, regroupés en cadres d'emploi et en filières.

8. À chacun des 52 cadres d'emploi correspond un concours particulier. Par exemple le concours recrute des ingénieurs territoriaux qui pourront être chargés des fonctions d'architecte, de directeur des espaces verts, des télécommunications…

---

* Les questions sont en p. 91.

Réponses et commentaires

9 Les fonctionnaires territoriaux ont les mêmes droits et devoirs que les fonctionnaires d'État et notamment le droit de grève, le devoir d'obéissance…

10 Les communes sont le plus gros employeur avec 860 000 fonctionnaires territoriaux.

11 La réussite au concours ne signifie pas recrutement automatique mais inscription sur une liste d'aptitude valable deux ans. Dans ce délai, il faut être choisi par une collectivité.

12 Les collectivités territoriales emploient 360 000 non titulaires, pour des emplois saisonniers ou occasionnels ou pour des fonctions particulières.

13 En 1996, tous concours confondus, il y avait 11,4 candidats par poste mais cela variait de 9,6 pour les attachés à 38,5 pour les assistants de bibliothèques.

14 En Île-de-France. Avec la région Provence-Alpes-Côte-d'Azur (PACA), elle réunit 25 % des effectifs.

15 C'est l'établissement public national qui organise le recrutement, la formation des fonctionnaires territoriaux et gère ceux de catégorie A qui sont temporairement privés d'emploi. Il dispose de délégations régionales ou interdépartementales.

16 Le fonctionnement des CAP (commissions administratives paritaires) pour les fonctionnaires territoriaux des communes employant moins de 350 personnes est pris en charge par les CDG (centres de gestion).

17 C'est la filière technique qui occupe 50 % des personnels territoriaux. La filière administrative en occupe 20 %.

18 Les contrôleurs territoriaux, corps de niveau B (niveau bac), au nombre de 7 000, contrôlent les travaux confiés aux entreprises par les collectivités territoriales.

© Éditions d'Organisation

19 C'est un administrateur territorial de catégorie A. Il en existe environ 2 600, ils sont placés au niveau le plus élevé de la hiérarchie administrative.

20 L'assistant territorial de conservation du patrimoine et des bibliothèques relève de la catégorie B, les autres relèvent de la catégorie A.

21 La sage-femme relève de la catégorie A comme les médecins ou les psychologues territoriaux. Les collectivités emploient près de 700 sages-femmes.

22 La réponse est positive. Il en existe 200 000 pour seulement 25 500 sapeurs-pompiers professionnels territoriaux.

23 L'éducateur des activités physiques et sportives (catégorie B). Il n'y a que moins de 300 conseillers sportifs territoriaux (corps de catégorie A).

24 C'est la filière animation, créée en 1997.

25 Les concours réguliers et importants sont ceux d'attachés territoriaux, médecins, ingénieurs subdivisionnaires.

26 C'est la filière administrative qui en offre les 2/3 (1 000 sur 1 500).

27 Il en existe trois, à Angers, Nancy et Montpellier. Elles forment les cadres A autres que ceux de premier niveau qui sont au CNFPT de Strasbourg.

28 La mobilité des cadres de la fonction publique territoriale est possible, pour leur permettre des déroulements de carrière notamment.

29 Il n'a pas intérêt à se contenter d'attendre mais il doit rédiger un C.V. et l'envoyer, lire les annonces et prendre tous les contacts possibles.

30 Possible en théorie, ce passage n'est pas courant en pratique.

10. Éléments d'histoire communale *

1 L'Ancien Régime était caractérisé par la **diversité** dans l'organisation des communautés d'habitants.

2 Les **paroisses** rurales n'avaient pas de véritables municipalités.

3 De nombreuses villes avaient une assemblée générale des *bourgeois*, qui choisissaient les **échevins**.
   Les échevins formaient le corps de ville, présidé par un ou plusieurs maires.
   Dans le sud-ouest fut employé le mot *capitoul*.

4 Par une loi du 14 décembre 1789, la Révolution a uniformisé l'organisation, en généralisant l'institution de la commune.
   Elle a établi une décentralisation complète : élection de tous les organes, fort allégement, voire suppression totale, de la tutelle du pouvoir central.
   En l'an VIII, Bonaparte imposa au contraire une centralisation poussée : nomination du maire et du conseil municipal, placés sous l'autorité du préfet.

5 C'est la monarchie de Juillet qui annonça une évolution définitive vers la démocratie locale : les conseils municipaux furent élus à partir de 1831, et les maires à partir de 1832.

6 **Les grandes lois de la IIIe République**
   Organisation municipale : 5 avril 1884
   Liberté de la presse : 29 juillet 1881
   Réunions publiques : 30 juin 1881
   Enseignement primaire : 28 mars 1882 (puis 30 octobre 1886 et 19 juillet 1889)
   Séparation des Églises et de l'État : 9 décembre 1905

* Les questions sont en p. 96.

© Éditions d'Organisation

De la IIIe à la Ve République, diverses lois ont étendu les pouvoirs des communes (1926, 1959, 1970...), en allégeant la tutelle du pouvoir central. Mais pour que s'opère une véritable décentralisation, il fallut attendre la loi n° 82-213 du 2 mars 1982 relative aux droits et libertés des communes, des départements et des régions, puis les lois de 1983 relatives aux transferts de compétences.

7 C'est à des lois de 1831 et 1833 (débuts de la monarchie de Juillet) que remonte le principe de l'élection du conseil général puis du conseil municipal.

8 La grande loi sur le département fut votée en 1871, dès le début de la IIIe République.
La grande loi sur la commune fut votée en 1884.

9 Loi n° 82-213 du 2 mars 1982 relative aux droits et libertés des communes, des départements et des régions.

10 Loi n° 83-8 du 7 janvier 1983 relative à la répartition des compétences entre les communes, les départements, les régions et l'État.
Cette loi a été complétée par la loi n° 83-663 du 22 juillet 1983.

11. L'intercommunalité*

1. La loi du 12 juillet 1999 simplifie et réorganise l'architecture intercommunale qui reposera désormais sur les trois catégories d'EPCI à fiscalité propre, nouveaux : les communautés d'agglomération, les communautés urbaines et les communautés de communes qu'elle crée (il fallait donc souligner ces trois noms). Elle a prévu la transformation des districts et des communautés de ville en d'autres EPCI au plus tard au 1er janvier 2002 (il fallait donc les rayer), elle laisse subsister les syndicats et organise la transformation des syndicats d'agglomération nouvelle (pour ces deux entités il ne fallait ni rayer ni souligner).

2. La communauté d'agglomération regroupe plusieurs communes formant à la date de création un ensemble de plus de 50 000 H d'un seul tenant et sans enclave autour d'une ou plusieurs communes centre de plus de 15 000 H (seuil qui ne s'applique pas si le chef lieu de département est compris). Il fallait donc cocher à la fois 50 000 et 15 000 pour le centre, ou alors cocher 50 000 et chef lieu de département).

3. Sont obligatoires pour la communauté d'agglomération les compétences de « développement économique », « aménagement de l'espace communautaire », « équilibre social de l'habitat », « politique de la ville ». Les autres compétences citées sont optionnelles, mais en ce qui concerne l'aide sociale, qui est au premier chef de la compétence départementale, il s'agit de permettre à la communauté d'agglomération une aide à l'exercice de la compétence départementale.

4. L'initiative de la création d'une communauté d'agglomération peut émaner d'un ou plusieurs conseils municipaux ou des représentants de l'État dans le département après avis de la commis-

* Les questions sont en p. 99.

© Éditions d'Organisation

sion départementale de coopération intercommunale. Il fallait donc ne pas cocher le maire, le député, le Sénateur.

5   Une communauté urbaine est formée d'un regroupement de plusieurs communes d'un seul tenant et sans enclaves qui forment à la date de sa création un ensemble de plus de 50 000 habitants. Seul le dernier item est donc valable.

6   Le nombre de sièges au conseil de la communauté urbaine est fixé soit par accord amiable, soit selon un barème croissant le nombre des communes et la population, mais au-delà de 77 communes, le nombre de délégués est égal à deux fois le nombre de communes représentées. Seul le premier item était faux, le dernier est à compléter.

7   Une communauté de communes est un EPCI regroupant plusieurs communes d'un seul tenant et sans entrave et le périmètre ne peut être identique à celui d'un département. Seul le troisième item était donc exact.

8   Toute commune peut se retirer d'un EPCI, sauf s'il s'agit d'une communauté urbaine. Ce retrait se fait avec le consentement de l'organe délibérant de l'EPCI et ne peut intervenir si plus du tiers des conseils municipaux des communes membres s'y opposent. Une commune peut toutefois être autorisée par le représentant de l'État à se retirer d'une communauté de communes pour adhérer à un autre EPCI à fiscalité propre, après avis de la commission départementale de coopération intercommunale. Les deux derniers items étaient donc exacts.

9   Tous ces cas de figure sont exacts !

10 Les communautés sont administrées par un organe délibérant élu en leur sein par les conseils municipaux des communes membres à la majorité absolue. À défaut pour une commune d'avoir désigné ses représentants, elle est représentée par le maire, accompagné du premier adjoint si elle compte deux délégués. Les agents employés par les EPCI ne peuvent être représentants dans

son organe délibérant. Seuls les troisième et quatrième items étaient donc exats.

11 Le périmètre d'un EPCI peut être étendu postérieurement à sa création par l'adjonction de communes nouvelles, sous réserve de l'absence d'opposition de plus du tiers des conseils municipaux des communes membres et avec l'accord de l'organe délibérant de l'EPCI, dans le cas ou l'initiative provient d'un conseil municipal de commune candidate. C'était donc le troisième item qui était exact.

12 Les deux premiers items sont exacts. Le troisième est faux car toute personne physique ou morale peut obtenir copie de ces procès verbaux sur simple demande.

13 Les communautés urbaines perçoivent désormais de plein droit la TPU et peuvent décider, à la majorité simple de leur conseil de percevoir une fiscalité additionnelle à la taxe d'habitation et aux taxes foncières. Le premier item et le quatrième étaient donc à cocher.

14 Ces communautés de communes peuvent instituer une taxe professionnelle de zone à la majorité simple de leur conseil, mais elles ne peuvent percevoir la taxe sur les ordures ménagères car elles n'assurent pas cette compétence. Concernant les taxes foncières elles peuvent instituer une fiscalité additionnelle mais pas en prendre la totalité. La taxe sur les chiens n'existe pas. Seul le deuxième était donc exact.

15 C'est le dernier item qui est exact, mais ce taux ne s'applique directement qu'au terme d'une période de réduction des écarts avec les taux communaux.

16 C'est le premier item qui est exact, les autres sont faux.

17 Les ressources de fonds sont réparties par le conseil général si les communes et EPCI concernés sont situés dans le même département et par une commission interdépartementale réunie

à l'initiative d'un conseil général dans le cas contraire. Les deux derniers items étaient donc exacts et les autres faux.

18 Les communes dont les bases d'imposition à la taxe professionnelle divisées par le nombre d'habitants excèdent 3,5 fois la moyenne des bases constatées par habitant au niveau national font l'objet du prélèvement.

19-20-21

Au 1er janvier 2002, on recensait 2033 communautés de communes, 120 communautés d'agglomération, et 14 communautés urbaines, l'ensemble regroupant 45 millions d'habitants.

12. Le développement de la décentralisation*

1 La loi Constitutionnelle du 28 mars sur l'organisation décentralisée de la République a été adoptée par le Parlement réuni en congrès à Versailles le 17 mars 2003.

2 L'article 31-1 de la Constitution indique : « La loi et le règlement peuvent comporter, pour un objet et une durée limitée, des dispositions à caractère expérimental ».

3 Désormais (dernier alinéa de l'article 39 de la Constitution modifié), les projets de loi ayant pour objet principal l'organisation des collectivités territoriales sont soumis en premier lieu au Sénat.

4 L'article 72 de la Constitution est, désormais, rédigé ainsi (dernière phrase du 1er alinéa) : « Toute autre collectivité territoriale est créée par la loi, le cas échéant en lieu et place d'une ou plusieurs collectivités mentionnées au présent alinéa ».

5 Le nouvel article 72-1 introduit la possibilité de référendums locaux pour approuver des projets de délibérations des collectivités territoriales, créer une collectivité territoriale ou modifier son organisation.

6 Le premier item est faux, la Constitution dit : « Les recettes fiscales et les autres ressources propres des collectivités territoriales représentent pour chaque catégorie de collectivités une part déterminante de l'ensemble de leurs ressources ».
Le deuxième item est vrai, il reprend le texte de la Constitution.
Le troisième item est faux, la Constitution dit : « La loi prévoit des dispositifs de péréquation destinés à favoriser l'égalité entre les collectivités territoriales ».

* Les questions sont en p. 105.

© Éditions d'Organisation

7   Les Corses, au référendum du 6 juillet ont rejeté le projet d'organisation territoriale prévoyant la suppression des départements au profit d'une collectivité régionale unique dans l'île.

8   Les conseils de quartier sont créés dans les communes de plus de 80 000 habitants.

9   Le projet de loi organique sur l'autonomie financière des collectivités territoriales range les 4 premiers items (impositions, redevances, produits domaniaux, dons et legs) dans les ressources propres.
    Par contre, il est exclu d'y faire figurer les dotations de l'État et notamment la DGF.

10 Ce sont des lois ordinaires qui organisent les transferts de compétence entre l'État et les collectivités territoriales.
    Par contre, des lois organiques prévoient les modalités des expérimentations de législation et réglementation spécifiques, d'organisation des référendums locaux, d'organisation de l'autonomie financière.

13. La loi du 13 août 2004*

1. L'article 1er de la loi prévoit que c'est la région qui, de sa propre initiative ou saisie par le représentant de l'État, coordonne l'action des collectivités territoriales pour remédier à la situation.

2. L'article 1er de la loi prévoit que le Conseil régional établit chaque année un rapport relatif aux aides et régimes d'aide mis en œuvre sur son territoire, transmis au représentant de l'État dans la région pour lui permettre de remplir ses obligations au regard du droit communautaire.

3. Il fallait répondre « oui » aux deux premiers items et « non » au troisième. En effet, les régions sont désormais responsables de l'organisation des formations d'accès et retour à l'emploi ainsi que de la formation des travailleurs sociaux et des professions paramédicales mais pas des médecins.

4. Les autoroutes restent dans le domaine public routier national, les routes nationales sont transférées aux départements (sauf celles d'intérêt européen qui restent au niveau national). Il fallait donc répondre par la négative aux deux questions.

5. Les régions sont compétentes en principe pour les ports maritimes de commerce, le département pour les ports maritimes de pêche, les communes pour les ports de plaisance.

6. Ce sont les départements qui sont compétents pour créer ou exploiter des infrastructures de transports non urbains des personnes férrés ou guidées d'intérêt local.

7. Le syndicat des transports d'Île-de-France est un établissement public formé par la région d'Île-de-France, la Ville de Paris, les

---

* Les questions sont en p. 108.

Hauts de Seine, la Seine-Saint-Denis, le Val de Marne, l'Essonne, les Yvelines, le Val d'Oise et la Seine et Marne. Les « intrus » sont donc Neuilly, l'Oise, l'État.

8   À titre expérimental jusqu'en 2006, la gestion des fonds structurels européens peut être confiée aux régions et celle du fonds social européen aux départements. Il ne fallait donc écarter que les villes chef lieu de région.

9   Ce sont les départements (conseils généraux) qui élaborent désormais les plans d'élimination des déchets ménagers, sauf en Île de France où c'est la région.

10 Le département attribue les aides aux jeunes en difficulté et a compétence pour l'aide sociale en faveur des personnes âgées. Il est également chargé de la lutte contre les moustiques.

11 La gestion des fonds de solidarité pour le logement est transférée aux départements.

12 Les communes ont désormais la charge de la construction des locaux affectés aux étudiants.

13 Pour les collèges c'est le département, pour les lycées, la région.

14 La loi transfère aux collectivités locales concernées la responsabilité de ces personnels.

15 C'est la région qui est chargée dans son ressort de l'inventaire général du patrimoine culturel.

16 L'État peut transférer ces biens (monuments nationaux) aux collectivités qui en font la demande.

17 Les agents disposent à compter de la parution des décrets de service (2006) d'un droit d'option entre l'intégration de droit dans la fonction publique territoriale ou un détachement avec maintien de leur lien statutaire avec l'administration d'origine.

18 Les transferts de compétence seront compensés intégralement par le transfert de ressources fiscales de l'État, essentiellement une partie de la TIPP (régions) ou de la taxe sur les conventions d'assurance (départements).

19 L'article 122 de la loi étend cette possibilité de consultation à toutes les collectivités citées. Il fallait donc cocher toutes les cases.

20 L'entrée en vigueur de la loi sera progressive et s'étalera entre le 1er janvier et la fin 2008.

Troisième partie

Éléments pour réviser et s'informer

Questions-Tests pour réviser et pour approfondir

1 Questions

2 Réponses et commentaires

Panorama des régions françaises

Liste des textes fondamentaux

Ultimes conseils

Adresses utiles

Tableaux récapitulatifs

Questions-Tests pour réviser et pour approfondir

1. Questions*

1. Que signifie le sigle CGTC ?
   - ☐ Confédération générale du travail communal
   - ☐ Classification géographique pour le tourisme en collectivité
   - ☐ Code général des collectivités territoriales
   - ☐ Consulat général des travailleurs communaux

2. Marquez C, D ou R selon la compétence des communes, des départements ou des régions.
   - ☐ Aide sociale
   - ☐ Aménagement du territoire
   - ☐ Collèges
   - ☐ Formation professionnelle
   - ☐ Lycées
   - ☐ Écoles
   - ☐ Urbanisme

3. Retrouvez la date d'un référendum portant sur la création de régions et la rénovation du Sénat.
   - ☐ 1949
   - ☐ 1959
   - ☐ 1969
   - ☐ 1979
   - ☐ 1989
   - ☐ 1999

4. Les régions ont-elles eu le statut d'établissement public ?
   - ☐ Oui
   - ☐ Non

5. La notion d'entente interrégionale a-t-elle une existence juridique ?
   - ☐ Oui
   - ☐ Non

* Les réponses et commentaires sont en p. 181.

6 Que signifie le sigle DATAR ?

- ☐ Direction administrative territoriale pour l'aménagement des régions
- ☐ Dotation administrative des transferts d'aménagement régional
- ☐ Délégation à l'aménagement du territoire et à l'action régionale
- ☐ Direction administrative pour les transferts et l'aménagement rural.

7 Retrouvez le titre d'un ouvrage de Jean-François GRAVIER, publié en 1947, qui fit prendre conscience de la gravité des problèmes d'aménagement du territoire.

- ☐ *Paris et l'aménagement rural*
- ☐ *Paris et le désert français*
- ☐ *Paris et nos provinces*
- ☐ *Les régions françaises en déclin*

8 Cochez les bons éléments pour retrouver la liste des établissements publics territoriaux.

- ☐ Syndicats intercommunaux
- ☐ Districts
- ☐ Communautés urbaines
- ☐ Communautés de communes
- ☐ Communautés de villes
- ☐ Communautés d'agglomération
- ☐ Communautés de départements
- ☐ Communautés de régions

9 Quel est le nouveau nom des bureaux d'aide sociale des communes ?

- ☐ Le nom n'a pas changé
- ☐ Bureaux d'assistance communale
- ☐ Bureaux de bienfaisance municipale
- ☐ Bureaux d'aide sociale des communes
- ☐ Centres communaux d'action sociale
- ☐ Centres communaux d'assistance et bienfaisance

10 Cochez sur cette liste les établissements publics locaux.

☐ Écoles   ☐ Collèges   ☐ Lycées
☐ Hôpitaux   ☐ Offices publics d'HLM

11 Les caisses des écoles sont-elles des établissements publics locaux ?

☐ Oui   ☐ Non

12 Leur création est-elle obligatoire ?

☐ Oui   ☐ Non

13 Qui est chargé de la gestion du domaine communal ?

☐ Le maire
☐ Le préfet
☐ Le conseil général
☐ Le conseil municipal
☐ Une délégation spéciale

14 Le conseil municipal peut-il fixer à son gré le nombre des adjoints ?

☐ Oui   ☐ Non

15 Le cas échéant, dans quelle limite par rapport à l'effectif du conseil ?

☐ 10 %   ☐ 30 %   ☐ 50 %   ☐ 75 %

16 Quelle a été la notion créée par la loi de 1995 sur l'aménagement du territoire ?

☐ Association   ☐ Nation
☐ Pays   ☐ Région

17 La politique des villes nouvelles tend à construire des cités selon un plan d'ensemble pour organiser le développement urbain. Cochez les bonnes propositions les concernant.

☐ L'instrument opérationnel initial est constitué par un établissement public d'aménagement.

- ☐ Il peut être créé une commune nouvelle, ou une communauté d'agglomération nouvelle, ou un syndicat d'agglomération nouvelle.
- ☐ Les villes nouvelles de la région Île-de-France comptent environ un million d'habitants.

18 Retrouvez les villes nouvelles de la région Île-de-France.

- ☐ Cergy-Pontoise
- ☐ Charles de Gaulle
- ☐ Melun-Sénart
- ☐ Euro-Disney
- ☐ Évry
- ☐ Marne-la-Vallée
- ☐ Saint-Quentin-en-Yvelines
- ☐ Urba Nouvelle

19 Retrouvez les villes nouvelles construites en province.

- ☐ Humanité nouvelle
- ☐ L'Isle-d'Abeau
- ☐ Le Vaudreuil
- ☐ Belleville-du-Lac
- ☐ Lille-Est
- ☐ L'Île aux Pêcheurs
- ☐ Les rives de l'étang de Berre

20 Cochez les noms de deux collectivités territoriales *sui generis*.

- ☐ Guadeloupe
- ☐ Martinique
- ☐ Mayotte
- ☐ La Réunion
- ☐ Saint-Pierre-et-Miquelon
- ☐ Terre Adélie
- ☐ Territoire de Belfort
- ☐ Yvelines

2. Réponses*

1 **CGTC** : Code général des collectivités territoriales (loi n° 96-142 du 21 février 1996).

2 **Répartition des compétences**
   Communes : enseignement du premier degré (écoles), urbanisme.
   Départements : aide sociale, collèges.
   Régions : aménagement du territoire, formation professionnelle, lycées.

3 Référendum du 27 avril 1969, engagé par le général de Gaulle. Dans l'histoire de la Ve République, ce fut le seul qui obtint un résultat négatif (et le général de Gaulle préféra démissionner aussitôt de ses fonctions de président de la République).

4 C'est avec un statut d'établissement public que les régions ont d'abord été dotées de la personnalité morale (loi de 1972). Elles sont devenues collectivités territoriales grâce à la loi du 2 mars 1982.

5 Les ententes interrégionales sont des établissements publics associant deux, trois ou quatre régions limitrophes.

6 La DATAR, créée en 1963, est la Délégation à l'Aménagement du Territoire et à l'Action régionale.

7 Ouvrage célèbre de Jean-François GRAVIER : *Paris et le désert français*.

8 Établissements publics territoriaux : cocher les six premières cases, mais non les deux dernières (il n'existe ni communautés de départements, ni communautés de régions).

* Les questions sont en p. 177.

9 En vertu d'une loi du 6 janvier 1986 portant adaptation de la législation sanitaire et sociale, les centres communaux d'action sociale ont succédé aux bureaux d'aide sociale des communes (eux-mêmes résultaient de la fusion des bureaux de bienfaisance et des bureaux d'assistance).
Ces centres accordent des aides diverses, et peuvent gérer des organismes à vocation sociale : ateliers, cours, cantines, crèches, dispensaires, foyers, maisons de retraite...
Ils ont des conseils d'administration présidés par le maire de la commune.
Il peut exister aussi des centres intercommunaux d'action sociale (liés à des syndicats intercommunaux).

10 Établissements publics locaux : il fallait cocher toute la liste, sauf les écoles.

11 et 12
Les caisses des écoles sont des établissements publics. Leur création est devenue obligatoire sous la IIIe République, dès l'époque de Jules Ferry (1882).

13 Le conseil municipal est chargé de la gestion du domaine communal (domaine public et domaine privé).

14 et 15
Depuis la loi du 19 novembre 1982, le conseil municipal est libre de fixer le nombre des adjoints, dans la limite de 30 % de l'effectif du conseil.

16 La notion de pays
Elle ne constitue ni une circonscription administrative nouvelle, ni même une structure intercommunale.
C'est un lieu de réflexion, exprimant la communauté d'intérêts économiques et sociaux ainsi que, le cas échéant, les solidarités réciproques entre la ville et l'espace rural.
Les collectivités territoriales et leurs groupements peuvent définir un projet de développement dans le cadre du pays, en concertation avec les acteurs concernés.

17-18-19
Les villes nouvelles
Premières propositions : exactes.

Série 1 : La région Île-de-France comporte cinq agglomérations nouvelles : Cergy-Pontoise, Évry, Melun-Sénart, Saint-Quentin-en-Yvelines et Marne-la-Vallée.
Euro-Disney fait partie de Marne-la-Vallée. Il n'existe point de ville dénommée « Charles de Gaulle » ou « Urba Nouvelle ».

Série 2 : La province comporte quatre villes nouvelles : Lille-Est, Le Vaudreuil (Val-de-Reuil), L'Isle-d'Abeau (entre Lyon et Grenoble), et les rives de l'étang de Berre à l'ouest de Marseille. Les autres dénominations sont fantaisistes.

20 Collectivités territoriales *sui generis* : Mayotte, Saint-Pierre-et-Miquelon (statuts particuliers).

Panorama des régions françaises

Superficie – Population
Liste des départements
Chefs-lieux

Nous allons vous présenter brièvement chacune de nos régions, avec les éléments indispensables pour l'oral des concours : superficie et population, liste des départements, avec les chefs-lieux.

Afin de faciliter la mémorisation, nous vous donnerons des chiffres arrondis pour la superficie et la population.

Nous signalerons aussi, à chaque occasion, les éléments de géographie administrative qu'il est indispensable de connaître pour les concours, notamment pour l'épreuve de conversation avec le jury.

Voici d'abord des chiffres qu'il est utile de garder en mémoire pour bien situer nos régions à l'échelle française et européenne.

Superficie de la France : 551 000 Km^2
Population de la France : 60 millions d'habitants

Superficie de l'Union européenne : 3 235 000 km^2
Population de l'Union européenne : 375 millions d'habitants

Superficie de l'Europe (incluant la Russie d'Europe) **:** 10 millions de km^2
Population de l'Europe : 700 millions d'habitants

Alsace

Superficie : 8 280 km^2
Population : 1 700 000 habitants
C'est la plus petite de nos régions (même la Corse est plus grande, avec 8 600 km^2). Cependant, sa densité est forte, avec plus de 200 habitants au km^2.
Chef-lieu de région : Strasbourg
Deux départements :
– Bas-Rhin (67) : chef-lieu Strasbourg
– Haut-Rhin (68) : chef-lieu Colmar.

Aquitaine

Superficie : plus de 41 000 km^2 (soit l'équivalent des Pays-Bas)
C'est la troisième de nos régions pour sa superficie, après Midi-Pyrénées et Rhône-Alpes.
Population : près de 3 millions d'habitants
Chef-lieu de région : Bordeaux
Cinq départements :
– Dordogne (24) : chef-lieu Périgueux
– Gironde (33) : chef-lieu Bordeaux
– Landes (40) : chef-lieu Mont-de-Marsan
– Lot-et-Garonne (47) : chef-lieu Agen
– Pyrénées-Atlantiques (64) : chef-lieu Pau.
Avec plus de 10 000 km^2, la Gironde est le plus grand de nos départements métropolitains.

Auvergne

Superficie : plus de 26 000 km^2
Population : 1 300 000 habitants
Chef-lieu de région : Clermont-Ferrand

Quatre départements :
– Allier (03) : chef-lieu Moulins
– Cantal (15) : chef-lieu Aurillac
– Haute-Loire (43) : chef-lieu Le Puy
– Puy-de-Dôme (63) : chef-lieu Clermont-Ferrand

Bourgogne

Superficie : 31 600 km^2
Population : 1 600 000 habitants
Chef-lieu de région : Dijon
Quatre départements :
– Côte-d'Or (21) : chef-lieu Dijon
– Nièvre (58) : chef-lieu Nevers
– Saône-et-Loire (71) : chef-lieu Mâcon
– Yonne (89) : chef-lieu Auxerre
Comme plusieurs de nos régions, la Bourgogne a la même superficie que la Belgique (de l'ordre de 30 000 km^2).

Bretagne

Superficie : 27 000 km^2
Population : près de 3 millions d'habitants
Chef-lieu de région : Rennes
Quatre départements :
– Côtes-d'Armor (22) : chef-lieu Saint-Brieuc
– Finistère (29) : chef-lieu Quimper
– Ille-et-Vilaine (35) : chef-lieu Rennes
– Morbihan (56) : chef-lieu Vannes
Pour mémoire, problème de découpage administratif : Nantes, capitale historique de la Bretagne, n'est plus en Bretagne, mais dans la région Pays de Loire.

Éléments pour réviser et s'informer

Centre - Val de Loire

Superficie : 39 000 km^2
Population : 2,5 millions d'habitants
Chef-lieu de région : Orléans
Six départements :
– Cher (18) : chef-lieu Bourges
– Eure-et-Loir (28) : chef-lieu Chartres
– Indre (36) : chef-lieu Châteauroux
– Indre-et-Loire (37) : chef-lieu Tours
– Loir-et-Cher (41) : chef-lieu Blois
– Loiret (45) : chef-lieu Orléans

Champagne-Ardenne

Superficie : plus de 25 000 km^2
Population : 1 388 000 habitants
Chef-lieu de région : Châlons-en-Champagne
Quatre départements :
– Ardennes (08) : chef-lieu Charleville-Mézières
– Aube (10) : chef-lieu Troyes
– Marne (51) : chef-lieu Châlons-en-Champagne
– Haute-Marne (52) : chef-lieu Chaumont

Corse

Superficie : 8 600 km^2
Population : 260 000 habitants
Chef-lieu de région : Ajaccio
Deux départements :
– Corse-du-Sud (20A) : chef-lieu Ajaccio
– Haute-Corse (20B) : chef-lieu Bastia
Pour mémoire : la Corse a obtenu, au fil des ans, un statut de plus en plus spécifique (après la loi du 2 mars 1982 portant statut particulier de la région de Corse, voir la loi du 13 mai 1991 portant statut de la collectivité territoriale de Corse).

Franche-Comté

Superficie : 16 000 km^2
Population : 1 100 000 habitants
Chef-lieu de région : Besançon
Quatre départements :
– Doubs (25) : chef-lieu Besançon
– Jura (39) : chef-lieu Lons-le-Saunier
– Haute-Saône (70) : chef-lieu Vesoul
– Territoire de Belfort (90) : chef-lieu Belfort

Île-de-France

Superficie : 12 000 km^2
Population : 11 millions d'habitants
Chef-lieu de région : Paris
Huit départements :
– Ville de Paris (75)
– Seine-et-Marne (77) : chef-lieu Melun
– Yvelines (78) : (ancien numéro de la Seine-et-Oise) : chef-lieu Versailles
– Essonne (91) : chef-lieu Évry
– Hauts-de-Seine (92) : chef-lieu Nanterre
– Seine-Saint-Denis (93) : chef-lieu Bobigny
– Val-de-Marne (94) : chef-lieu Créteil
– Val-d'Oise (95) : chef-lieu Cergy

Cette région est évidemment de loin la plus peuplée de France. C'est aussi celle qui compte les plus petits départements (105 km^2 pour Paris et 175 km^2 pour les Hauts-de-Seine). À bien des égards, c'est aussi la première région d'Europe (production économique, potentiel scientifique...).

Languedoc-Roussillon

Superficie : 23 400 km^2
Population : 2 250 000 habitants

Chef-lieu de région : Montpellier
Cinq départements :
– Aude (11) : chef-lieu Carcassonne
– Gard (30) : chef-lieu Nîmes
– Hérault (34) : chef-lieu Montpellier
– Lozère (48) : chef-lieu Mende
– Pyrénées-Orientales (66) : chef-lieu Perpignan

Limousin

Superficie : 17 000 km^2
Population : 700 000 habitants
Chef-lieu de région : Limoges
Trois départements :
– Corrèze (19) : chef-lieu Tulle
– Creuse (23) : chef-lieu Guéret
– Haute-Vienne (87) : chef-lieu Limoges
Cette région est la moins peuplée de la France continentale. Elle comptait un million d'habitants au début du siècle, mais continue à se dépeupler.

Lorraine

Superficie : 23 500 km^2
Population : 2 300 000 habitants
Chef-lieu de région : Metz
Quatre départements :
– Meurthe-et-Moselle (54) : chef-lieu Nancy
– Meuse (55) : chef-lieu Bar-le-Duc
– Moselle (57) : chef-lieu Metz
– Vosges (88) : chef-lieu Épinal

Midi-Pyrénées

Superficie : 45 000 km^2
Population : 2,5 millions d'habitants

Chef-lieu de région : Toulouse
Huit départements :
— Ariège (09) : chef-lieu Foix
— Aveyron (12) : chef-lieu Rodez
— Haute-Garonne (31) : chef-lieu Toulouse
— Gers (32) : chef-lieu Auch
— Lot (46) : chef-lieu Cahors
— Hautes-Pyrénées (65) : chef-lieu Tarbes
— Tarn (81) : chef-lieu Albi
— Tarn-et-Garonne (82) : chef-lieu Montauban
Avec huit départements (comme l'Île-de-France et Rhône-Alpes), c'est la plus grande de nos régions.

Nord-Pas-de-Calais

Superficie : 12 400 km²
Population : 4 millions d'habitants
Chef lieu de région : Lille
Deux départements :
— Nord (59) : chef-lieu Lille
— Pas-de-Calais (62) : chef-lieu Arras

Basse-Normandie

Superficie : 17 600 km²
Population : 1 400 000 habitants
Chef-lieu de région : Caen
Trois départements :
— Calvados (14) : chef-lieu Caen
— Manche (50) : chef-lieu Saint-Lô
— Orne (61) : chef-lieu Alençon
Pour mémoire, c'est l'un des points les plus critiqués du découpage administratif. La Normandie a été artificiellement découpée en deux petites régions.

Haute-Normandie

Superficie : 12 400 km^2
Population : 1 800 000 habitants
Chef-lieu de région : Rouen
Deux départements :
– Eure (27) : chef-lieu Évreux
– Seine-Maritime (76) : chef-lieu Rouen

Pays de Loire

Superficie : 31 000 km^2
Population : 3 200 000 habitants
Chef-lieu de région : Nantes
Cinq départements :
– Loire-Atlantique (44) : chef-lieu Nantes
– Maine-et-Loire (49) : chef-lieu Angers
– Mayenne (53) : chef-lieu Laval
– Sarthe (72) : chef-lieu Le Mans
– Vendée (85) : chef-lieu La Roche-sur-Yon

Picardie

Superficie : près de 20 000 km^2
Population : près de 2 millions d'habitants
Chef-lieu de région : Amiens
Trois départements :
– Aisne (02) : chef-lieu Laon
– Oise (60) : chef-lieu Beauvais
– Somme (80) : chef-lieu Amiens

Poitou-Charentes

Superficie : 26 000 km^2
Population : 1 600 000 habitants
Chef-lieu de région : Poitiers

Quatre départements :
– Charente (16) : chef-lieu Angoulême
– Charente-Maritime (17) : chef-lieu La Rochelle
– Deux-Sèvres (79) : chef-lieu Niort
– Vienne (86) : chef-lieu Poitiers

Provence-Alpes-Côte d'Azur

Superficie : 31 400 km^2
Population : 4,5 millions d'habitants
Chef-lieu de région : Marseille

Six départements :
– Alpes-de-Haute-Provence (04) : chef-lieu Digne
– Hautes-Alpes (05) : chef-lieu Gap
– Alpes-Maritimes (06) : chef-lieu Nice
– Bouches-du-Rhône (13) : chef-lieu Marseille
– Var (83) : chef-lieu Toulon
– Vaucluse (84) : chef-lieu Avignon
Cette région comporte à la fois des départements peu peuplés (Hautes-Alpes et Alpes-de-Haute-Provence, 120 000 à 140 000 habitants) et des départements très peuplés. La population de la région PACA continue à s'accroître du fait de l'héliotropisme et de l'attrait du littoral méditerranéen.

Rhône-Alpes

Superficie : près de 44 000 km^2
Population : 5,6 millions d'habitants
Chef-lieu de région : Lyon
Huit départements :
– Ain (01) : chef-lieu Bourg-en-Bresse
– Ardèche (07) : chef-lieu Privas
– Drôme (26) : chef-lieu Valence
– Isère (38) : chef-lieu Grenoble
– Loire (42) : chef-lieu Saint-Étienne

– Rhône (69) : chef-lieu Lyon
– Savoie (73) : chef-lieu Chambéry
– Haute-Savoie (74) : chef-lieu Annecy

C'est l'une des plus grandes de nos régions, après Midi-Pyrénées. Et c'est la plus peuplée des régions de province. Elle est aussi considérée comme la plus dynamique (notamment grâce à son développement culturel, universitaire et scientifique).

Les départements d'outre-mer

Ces quatre départements ont aussi statut de région.

Guadeloupe
Superficie : 1 700 km^2
Population : plus de 400 000 habitants
Chef-lieu : Pointe-à-Pitre

Martinique
Superficie : 1 100 km^2
Population : 400 000 habitants
Chef-lieu : Fort-de-France

Guyane
Superficie : 91 000 km^2
Population : 180 000 habitants
Chef-lieu : Cayenne

Réunion
Superficie : 2 500 km^2
Population : près de 700 000 habitants
Chef-lieu : Saint-Denis

Les territoires d'outre-mer

Nouvelle-Calédonie
Superficie : près de 20 000 km^2
(soit l'équivalent de 4 départements français moyens)
Population : près de 200 000 habitants

© Éditions d'Organisation

(soit un peu moins que la Corse)
Chef-lieu : Nouméa

Polynésie française
5 archipels, une centaine d'îles et des milliers d'îlots
Superficie : environ 3 500 km^2 habitables
Population : plus de 200 000 habitants
Chef-lieu : Papeete (Tahiti)

Wallis et Futuna
Superficie : près de 300 km^2
Population : près de 10 000 sur Wallis
près de 5 000 sur Futuna
Chef-lieu : Mata-Utu (sur Uvéa, la plus grande des îles Wallis).

Les collectivités territoriales à statut spécifique

Mayotte (océan Indien)
Superficie : près de 400 km^2
Population : 130 000 habitants
Capitale : Mamoudzou

Saint-Pierre et Miquelon
Superficie : 250 km^2
Population : plus de 6 000 habitants regroupés surtout à la capitale Saint-Pierre

Les terres australes et antarctiques françaises

Terre Adélie
Superficie : plus de 400 000 km^2 (près de 600 000 km^2 revendiqués, soit la superficie de la France)

Îles Crozet (20 îles, 200 km^2)

Îles Kerguelen (300 îles, 7 000 km^2)

Nouvelle-Amsterdam (55 km^2)

Saint-Paul (7 km^2)

Éléments pour réviser et s'informer

Liste des textes fondamentaux

Voici une liste sommaire des textes fondamentaux concernant les collectivités territoriales : textes constitutionnels, textes législatifs et textes réglementaires.

Textes constitutionnels

Déclaration des Droits de l'homme et du citoyen du 26 août 1789 (Constitution du 3 septembre 1791).

Préambule de la Constitution du 27 octobre 1946.

Constitution du 4 octobre 1958. Titre XII. Des collectivités territoriales.

Code général des collectivités locales

Loi n° 96-142 du 21 février 1996 relative à la partie législative du Code général des collectivités territoriales.

Comme tous les codes, ce volume comporte à la fois des dispositions de nature législative et des dispositions de nature réglementaire.

Textes législatifs

Lois de 1831 et 1833 : principe de l'élection du conseil général et du conseil municipal.

Loi du 10 août 1871 relative au département.

Loi du 5 avril 1884 relative à la commune.

Loi n° 72-169 du 5 juillet 1972 portant création et organisation des régions.

Loi n° 82-213 du 2 mars 1982 relative aux droits et libertés des communes, des départements et des régions.

Loi n° 82-623 du 22 juillet 1982 modifiant et complétant la loi n° 82-213 relative aux droits et libertés des communes, des départements et des régions, et précisant les conditions d'exercice du contrôle administratif sur les actes des autorités communales, départementales et régionales.

Loi n° 82-653 du 29 juillet 1982 portant réforme de la planification.

Loi n° 82-974 du 19 novembre 1982 modifiant le Code électoral et le Code des communes et relative à l'élection des conseillers municipaux et aux conditions d'inscription des Français établis hors de France sur les listes électorales.

Loi n° 83-8 du 7 janvier 1983 relative à la répartition des compétences entre les communes, les départements, les régions et l'État.

Loi n° 83-663 du 22 juillet 1983 complétant la loi n°83-8 du 7 janvier 1983 relative à la répartition des compétences entre les communes, les départements, les régions et l'État.

Loi n° 83-634 du 17 juillet 1983 portant droits et obligations des fonctionnaires.

Loi n° 84-53 du 26 janvier 1984 portant dispositions statutaires relatives à la fonction publique territoriale.

Loi organique n° 85-1405 du 30 décembre 1985 tendant à la limitation du cumul des mandats électoraux et des fonctions électives par les parlementaires.

Loi n° 85-1406 du 30 décembre 1985 tendant à limiter le cumul des mandats électoraux et des fonctions électives.

Loi n° 86-16 du 6 janvier 1986 relative à l'organisation des régions et portant modification de dispositions relatives au fonctionnement des conseils généraux.

Loi n°82-2 du 3 janvier 1986 relative à l'aménagement, la protection et la mise en valeur du littoral.

Loi n° 88-227 du 11 mars 1988 relative à la transparence financière de la vie politique.

Loi n° 91-428 du 13 mai 1991 portant statut de la collectivité territoriale de Corse.

Loi du 13 mai 1991 instituant une dotation de solidarité urbaine et un fonds de solidarité des communes de la région Île-de-France.

Loi du 13 juillet 1991 d'orientation pour la ville.

Loi n° 92-3 du 3 janvier 1992 sur l'eau.

Loi n° 92-108 du 3 février 1992 relative aux conditions d'exercice des mandats locaux.

Loi n° 92-125 du 6 février 1992 sur l'administration territoriale de la République.

Loi n° 95-115 du 4 février 1995 d'orientation pour l'aménagement et le développement du territoire.

Loi n° 96-142 du 21 février 1996 relative à la partie législative du Code général des collectivités territoriales.

Loi n° 96-241 du 26 mars 1996 relative à la partie législative du Code général des collectivités territoriales.

Loi n° 96-987 du 14 novembre 1996 relative au pacte de relance pour la ville.

Loi n° 99-553 du 25 juin 1999 d'orientation pour l'aménagement et le développement durable du territoire, et portant modification de la loi n° 95-115 du 4 février 1995 d'orientation pour l'aménagement et le développement du territoire.

Loi n° 99-586 du 12 juillet 1999 relative au renforcement et à la simplification de la coopération intercommunale.

Loi n° 2004-809 du 13 août 2004 relative aux libertés et responsabilités locales

Ultimes conseils

Voici des indications utiles pour *l'évaluation* de votre travail et pour ses prolongements.

L'évaluation de votre travail doit porter à la fois sur le fond et sur la technique des QCM.

Maîtrisez-vous bien maintenant la technique des QCM ? Pour vous en assurer, vous pouvez vous exercer à reprendre rapidement quelques chapitres, ou d'autres ouvrages de cette collection. Même en tenant compte des questions complexes, vous devriez maintenant pouvoir traiter en moins de 10 minutes des séries de 20 QCM.

Il vous faut chercher à valoriser vos acquis, à travailler la mémorisation et la vitesse, pour devenir encore plus performants.

Pour travailler la vitesse, vous referez ces QCM, si possible « à cent à l'heure ». Utilisez un chronomètre, ou surveillez votre montre. Et pointez vos résultats pour calculer votre moyenne (par exemple, sur des séries de 20 questions).

Pour évaluer quant au fond, vous pouvez prendre en compte trois domaines essentiels :

– les connaissances générales ;
– les points techniques, juridiques ou financiers ;
– les éléments d'actualité.

Pour affiner, vous pouvez recenser les questions des diverses disciplines : histoire, géographie, démographie, économie, institutions, relations internationales ou encore des domaines plus techniques (droit administratif, contentieux, finances publiques).

Bien entendu, il faut veiller à l'approfondissement et à l'actualisation de vos connaissances.

L'approfondissement, par la lecture d'ouvrages de fond (ou par vos cours, si vous êtes encore étudiant).

L'actualisation, grâce à la presse, ou encore la radio ou la télévision. Les collectivités locales y tiennent une très grande place. Vous pourrez vous constituer des dossiers d'actualité en recueillant des articles, tableaux et statistiques.

Les ouvrages de notre collection sont mis à jour pratiquement chaque année. Pensez donc à travailler ultérieurement avec les prochaines éditions.

Au fur et à mesure de ces travaux, vous constaterez certainement une amélioration de votre mémoire. Et certainement aussi de votre vivacité intellectuelle.

Continuez donc à bien vous entraîner aux QCM. Cela vous sera utile sur le plan personnel comme sur le plan professionnel et pour la préparation aux concours.

Voici en outre des exemples de travaux personnels pouvant être effectués, à partir de cet ouvrage, dans l'optique des principales épreuves de concours :

– des chronologies, recueils de dates essentielles ;
– des lexiques, glossaires, recueils des notions essentielles et définitions ;
– des schémas de plans ou exposés ;
– des questions-réponses dans l'optique des épreuves écrites (exemple : les questions à réponses ouvertes et courtes, en particulier au concours des IRA), ou des épreuves orales (épreuves techniques ou conversation avec le jury).

Exemples de sujets de concours portant sur les collectivités territoriales

Beaucoup de sujets, en culture générale comme en droit public, impliquent une réflexion sur les collectivités territoriales, notamment au niveau régional (province ou région) et au niveau local (la commune, la ville, la municipalité).

En voici quelques exemples, soumis à votre réflexion. Ils sont tirés des annales des concours de catégorie A, notamment le concours d'entrée à l'École nationale d'administration.

◆ **Exemples de sujets généraux**

– Les élites locales
– La province française
– Paris et la province
– Ville et campagne
– Le monde rural en France au XXe siècle
– L'avenir de nos campagnes
– Le paysage français

La décentralisation a-t-elle encore un avenir ?

– Faut-il poursuivre la décentralisation ?
– Commune, région, Europe
– Région, nation, Europe

◆ **Exemples de sujets techniques**

Beaucoup de sujets portent évidemment sur la région, le département ou la commune, très directement.

Vous pouvez avoir aussi des sujets portant sur leurs organes, conseils, maire, présidents.

Il faut signaler aussi les sujets portant sur la déconcentration et la décentralisation.

D'autres questions diverses peuvent être envisagées, par exemple : « La coopération intercommunale » ou les « établissements publics locaux ».

Les collectivités sont-elles en crise ?

En fait, ce sujet apparaît de temps en temps depuis plusieurs décennies.

L'éclairage à lui donner peut avoir beaucoup varié (par exemple, avant ou après la loi de 1982).

De nombreuses réformes sont intervenues au cours des cinquante dernières années. Elles ont porté à la fois sur les structures et sur les moyens d'action des collectivités locales.

Voici des éléments de réflexion qui vous aideront à « brasser » de nombreuses idées générales sur les collectivités locales. Cela vous sera utile pour l'écrit comme pour l'oral des concours.

Voici d'abord des éléments de réflexion sur la notion même de « crise », terme qui apparaît souvent dans les débats politiques et dans l'actualité :

– les régions connaissent fréquemment de graves crises politiques (ce fut le cas notamment après les élections régionales de mars 1998) ;
– les communes seraient en crise, parce que trop nombreuses et trop faibles ;
– au niveau intermédiaire, le département, lui-même trop faible, pourrait être menacé de disparition au profit de la région.

Comment se situent, plus concrètement, les manifestations de la crise ?

Les éléments suivants sont les plus fréquemment dénoncés :

– *la crise financière* : des marges de manœuvre de plus en plus réduites, des ressources insuffisantes face à des charges qui augmentent considérablement ;
– *la crise administrative* : l'inaptitude des collectivités à faire face à leurs missions et à leurs responsabilités (réfléchissez sur les principaux domaines qui posent problème) ;

– *la crise politique* : absence de majorité solide dans les conseils, divisions, « affaires », ou encore désaffection pour l'exercice des mandats locaux.

Nous vous invitons à réfléchir de façon approfondie sur ces divers domaines.

Voici deux questions prospectives pour couronner vos réflexions :

– Quels seraient les regroupements nécessaires dans la perspective de l'Union européenne ?
– Les collectivités locales sont-elles toujours « l'école de la démocratie » ?

Adresses utiles

Ministère de l'Intérieur
Place Beauvau
75808 PARIS

Direction générale des Collectivités locales
2, place des Saussaies
75808 PARIS

Direction générale de la Police nationale
11, place des Saussaies
75808 PARIS

Direction de la Sécurité civile
18, rue Ernest-Cognacq
92300 LEVALLOIS-PERRET

Direction de la surveillance du territoire
7, rue Nélaton
75015 PARIS

Délégation à l'aménagement du territoire et à l'action régionale (DATAR)
1, avenue Charles-Floquet
75007 PARIS

Centre national de la fonction publique territoriale (CNFPT)
10-12, rue d'Anjou
75008 PARIS

La Gazette des communes
(publication hebdomadaire)
17, rue d'Uzès
75002 PARIS

Revue des Collectivités locales
Service diffusion
38, rue Claude-Terrasse
75016 PARIS

Société du Bottin administratif
Bottin des Communes
141, rue de Javel
75747 PARIS Cedex 15

◆ **Adresses des écoles**

Institut national des études territoriales
5, rue du Parchemin
67000 STRASBOURG

Écoles nationales d'application des cadres territoriaux (ENACT)
ENACT d'Angers
Rue du Nid de Pie
BP 2020
49016 ANGERS Cédex

ENACT *de Montpellier*
76, place de la Révolution française
34965 MONTPELLIER Cedex

ENACT *de Nancy*
64, rue Marquette
BP 3694
54097 NANCY Cedex

◆ **Liste des associations**

Association des maires de France
41, quai d'Orsay
75007 PARIS

Association des maires des grandes villes de France
42, rue Notre-Dame-des-Champs
75006 PARIS

Assemblée des présidents des Conseils généraux de France (APCG)
6, rue Duguay-Trouin
75006 PARIS

Association nationale des élus régionaux (ANER)
276, boulevard Saint-Germain
75007 PARIS

Fédération mondiale des cités unies et villes jumelées
22, rue d'Alsace
92532 LEVALLOIS-PERRET Cedex

Tableaux récapitulatifs

Éléments pour réviser et s'informer

Collectivités	Organes collégiaux	Autorités élues	Autorités nommées	Organes juridictionnels	
				Contrôle financier	Contrôle de légalité
				(Contrôle a posteriori)	
		Instances délibérantes	Instances exécutives		Cour des comptes	Conseil d'État et tribunal administratif
ÉTAT	**Parlement** – *Assemblée nationale* : *députés* élus au suffrage universel direct – *Sénat* : *sénateurs* élus au suffrage universel indirect	Président de la République	Gouvernement	Cour des comptes	Conseil d'État et tribunal administratif
C I T O Y E N S — RÉGION	Conseil régional	Président	Préfet de région	Chambre régionale des comptes	Tribunal administratif
DÉPARTEMENT	Conseil général	Président	Préfet de département	Chambre régionale des comptes	Tribunal administratif
COMMUNE	Conseil municipal	Maire	(Représentants de l'État)	Chambre régionale des comptes	Tribunal administratif

© Éditions d'Organisation

Ils sont élus	Ils sont nommés
Élection au suffrage universel direct Le président de la République, depuis 1962. Les députés au Parlement européen, depuis 1979. Les députés de l'Assemblée nationale Les conseillers régionaux (ils élisent leur président). Les conseillers généraux (ils élisent leur président). Les conseillers municipaux (ils élisent le maire).	Le Premier ministre (par le président de la République) Les ministres (par le président, sur proposition du Premier ministre). Les membres de la Commission et du Conseil européen. Les membres du Conseil constitutionnel (par le président de la République et les présidents des deux assemblées). Les membres du Conseil économique et social (dont une forte proportion des organisations intéressées).
Élection au suffrage universel indirect Les sénateurs (élus par des représentants des conseillers municipaux, les conseillers généraux et régionaux).	Les membres du Conseil d'État, des autres grands corps de l'État et, de façon générale, les hauts fonctionnaires.
Élection au sein des institutions Le président de l'Assemblée nationale (élu par les députés). Le président du Sénat (élu par les sénateurs). Les présidents d'associations à but non lucratif (loi de 1901), élus par leurs pairs Les conseillers des tribunaux prud'homaux (élus par les employeurs et les salariés).	Les juges des tribunaux civils et pénaux (pour garantir l'indépendance de la justice, ils sont amovibles). Les membres des conseils d'administration des caisses de Sécurité sociale (50 % représentent les salariés et 50 % les employeurs ; ils sont nommés par le ministre de la Santé). Les dirigeants des grandes entreprises nationalisées.
Élection au suffrage restreint indirect Les juges des tribunaux de commerce (élection en 2 étapes : des délégués, qui à leur tour élisent les juges).	
Domaine économique et social Le comité d'entreprise est composé d'élus du personnel, de représentants syndicaux et du chef d'entreprise. Les représentants syndicaux sont élus par les adhérents de base ; ils élisent ensuite des représentants nationaux, dont certains deviennent des « permanents ». Les assemblées des Chambres de Commerce et d'Industrie sont élues par les inscrits à leur registre.	

Éléments pour réviser et s'informer

LE PRÉSIDENT	LE PARLEMENT		LE GOUVERNEMENT
Président de la République Scrutin national uninominal majoritaire à deux tours Durée du mandat : 5 ans (à partir de 2002)	**Assemblée nationale** Scrutin uninominal majoritaire à deux tours. 577 députés (1 par circonscription) Durée du mandat : 5 ans Renouvellement intégral tous les 5 ans	**Sénat** 320 sénateurs 1 à 12 par département Durée du mandat : 9 ans Renouvellement par tiers tous les 3 ans	**Premier ministre** nommé par le président **Ministres** nommés par le président sur proposition du Premier ministre
Conseils régionaux 21 en métropole + 4 outre-mer + Assemblée de Corse Représentation proportionnelle (41 à 197 membres selon les conseils, 3 à 72 conseillers selon les départements) Durée du mandat : 6 ans Renouvellement intégral tous les 6 ans	*Les conseils des collectivités territoriales* **Conseils généraux** (1 par département = 100) Scrutin uninominal majoritaire à deux tours Près de 4 000 conseillers généraux* (1 par canton) Durée du mandat : 6 ans Renouvellement par moitié tous les 3 ans		**Conseils municipaux** (plus de 36 000 communes) Scrutin mixte (majoritaire et proportionnel) Près de 500 000 conseillers municipaux (9 à 69 conseillers municipaux selon la commune) Durée du mandat : 6 ans Renouvellement intégral tous les 6 ans

* Le nombre ne fait qu'augmenter en raison des créations de cantons.

Division	Administration	Statut
La région 21 en métropole	1. Organe délibérant : le conseil régional	Collectivité territoriale
4 outre-mer	2. Organe exécutif : le président du conseil régional	
Total : 25 + la Corse	3. Le préfet de la région a la charge des intérêts de l'État et dirige ses services extérieurs	Circonscription administrative
Le département 96 en métropole	1. Organe délibérant : le conseil général	Collectivité territoriale
4 outre-mer	2. Organe exécutif : le président du conseil général	
Total : 100	3. Le préfet a la charge des intérêts de l'État et dirige ses services extérieurs	Circonscription administrative
L'arrondissement (324)	Le sous-préfet représente l'État	Circonscription administrative
Le canton (près de 4 000)	Pas d'administrateur en titre. Quelques échelons administratifs (situation variable)	Circonscription électorale
La commune (plus de 36 000)	1. Organe délibératif : le conseil municipal 2. Organe exécutif : le maire 3. Le maire a aussi des attributions administratives au nom de l'État	Collectivité territoriale Circonscription administrative

Postface

par Françoise LABORDE

Sous son apparence modeste, l'ouvrage d'André BARILARI et Pierre-François GUÉDON est utile et important, car il permet à tout lecteur d'approfondir sa culture générale dans un domaine essentiel à l'éducation civique et à la vie démocratique : les collectivités territoriales. Il permet une heureuse synthèse de la culture générale et du droit public, dans une optique d'efficacité pour les examens et concours. Il permettra aussi à chacun de participer plus activement à la vie de nos communes, de nos départements et de nos régions.

La culture générale est souvent associée à la connaissance de l'histoire, de la littérature ou des sciences – tous domaines largement traités dans les premiers ouvrages de notre collection. Elle inclut aussi, de plus en plus dans le monde d'aujourd'hui, des éléments d'ordre administratif, juridique et technique.

« Nul n'est censé ignorer la loi » – c'est l'article premier de notre Code civil. Nul ne peut non plus, s'il désire être un citoyen vigilant et actif dans son pays, risquer d'ignorer la nature et le fonctionnement des institutions de base que sont les communes, les départements et les régions.

Nos collectivités territoriales tiennent une place de plus en plus grande dans l'administration comme dans la vie politique de notre pays.

Chaque citoyen doit posséder les connaissances essentielles pour comprendre la vie de nos régions, de nos départements et de nos communes. Non seulement sur le plan livresque, mais encore dans leur vie politique et dans leur pratique administrative.

En offrant à la fois les connaissances théoriques et les éléments pratiques indispensables, l'ouvrage d'André BARILARI et Pierre-François GUÉDON offre à chacun la possibilité d'étendre son sens critique et de devenir un citoyen éclairé.

Si depuis quelques temps l'éducation civique est revenue dans les programmes scolaires, c'est que les autorités ministérielles, les parents et les spécialistes ont convenu qu'une formation adaptée à notre époque ne pouvait négliger les institutions et les activités civiques.

Connaître les valeurs et les principes sous-tendant notre démocratie, maîtriser les mécanismes de la vie politique sur le plan régional ou local comme sur le plan national, amener chacun à comprendre les droits et les devoirs qui sont les siens, et la place qu'il doit tenir dans la société, c'est pour chaque Française et chaque Français devenir plus apte à servir l'intérêt national et tous nos concitoyens.

À l'heure où la vie sociale, comme la vie politique, paraît affectée par une perte des repères, il est bon que paraissent des ouvrages comme celui d'André BARILARI et Pierre-François GUÉDON.

Plus encore qu'un simple ouvrage pratique pour préparer un examen ou un concours, c'est un guide offrant de solides points d'ancrage pour que chacun exerce pleinement son rôle de citoyen.

Françoise LABORDE
Inspectrice au ministère de l'Économie et de l'Industrie,
et conseillère en formation. À son actif,
elle a de nombreuses publications pédagogiques.

En collaboration avec Jean-François GUÉDON,
elle a publié dans la Collection METHOD'SUP,
les ouvrages consacrés à La Note de synthèse
et à La Note de synthèse économique.

Dans le cadre de sa politique développement durable, Jouve initie en 2007
une démarche visant à la certification ISO 14001.
Cet ouvrage est imprimé sur papiers Amber Graphic des papeteries Arctic Paper pour l'intérieur
et Ensocoat des papeteries Stora Enso pour la couverture.
Ces papiers sont fabriqués sur des sites papetiers certifiés ISO 14001
et enregistrés EMAS à partir de fibres d'origine de forêts gérées de manière durable.

Mise en page : LANGLOIS PAO FAB
14410 VASSY
Achevé d'imprimer : Jouve - PARIS
N° d'éditeur : 3083
N° d'imprimeur : 462721S
Dépôt légal : juillet 2008

Imprimé en France